SOLO QUIERO QUE TE QUIERAN

MICAELA MENÁRGUEZ

SOLO QUIERO QUE TE QUIERAN

EDICIONES RIALP
MADRID

© 2025 *by* Micaela Menárguez
© 2025 *by* EDICIONES RIALP, S. A.,
   Manuel Uribe 13-15 - 28033 Madrid
   (www.rialp.com)

Algunas de las ilustraciones incluidas en este libro han sido generadas con herramientas de inteligencia artificial.

Ilustraciones (pp. 85-87): Carlos Martínez Menárguez.

Preimpresión: www.produccioneditorial.com

ISBN (edición impresa): 978-84-321-7093-5
ISBN (edición digital): 978-84-321-7094-2
ISBN (edición bajo demanda): 978-84-32-7095-9
ISNI: 0000 0001 0725 313X
Depósito legal: M-10007-2025
Impreso en Anzos, S. L., Fuenlabrada (Madrid)

A Marta, Blanca y Antxón,
los hijos que llegaron el día de su boda con los nuestros.

A Santi, Olivia, Alex, Mikaela, Pepe y Blanca,
porque cuento con ellos para cambiar el mundo.

La educación afectivo-sexual consiste en enseñar
a la siguiente generación a vivir la vida con un gran amor.

«Sin tierra firme bajo sus pies, estaban perdidos»

VASILI GROSSMAN. *Vida y Destino.*

ÍNDICE

INTRODUCCIÓN

CUANDO UNA MUJER da a luz a su primer hijo siente un amor especial, salvaje, irracional. Como es un amor nuevo, nunca sentido anteriormente, te pilla por sorpresa. No es que todo lo de antes no sea amor, ni que el bebé llegue sin avisar. Lo has llevado nueve meses en la tripa, has sentido sus movimientos, su crecimiento. Te ha dado tiempo de sobra para prepararte. Sin embargo, cuando lo tienes por fin entre los brazos, experimentas un hondo sentimiento de protección hacia esa criatura. Darías incluso la propia vida por ella si fuera necesario. A los hijos siguientes los quieres igual o más, pero ya no es algo nuevo. Ya lo has experimentado antes.

Si en ese momento me hubieran preguntado a mí qué quería para ese bebé, no habría sabido contestar, porque estaba tan ocupada cuidándolo y experimentando la nueva felicidad recién estrenada, que ni siquiera tenía tiempo para eso.

Pero ahora, con el paso del tiempo, sí lo sé.

Sé que lo que quiero para mis hijos es que los quieran.

Quiero que nadie ni nada les hagan daño.

Quiero que encuentren la felicidad verdadera y el amor incondicional.

Sé que la vida está llena de dificultades, y que tendrán muchos retos que superar. Pero si cuentan con un gran amor, todo será posible.

Un gran amor no es solo un marido o una mujer. Hay hombres y mujeres solteros que tienen un gran amor en su vida, y que se han entregado a él, dándose a los demás de otra forma. La entrega es la misma, aunque de forma distinta.

Mi descubrimiento, relativamente reciente, es que depende de los padres que los hijos encuentren un gran amor. Depende de la educación que les demos, de los valores que seamos capaces de transmitirles. La libertad siempre existe, no lo niego. Pero si no les damos las herramientas para amar, no serán capaces de hacerlo. Si se las damos, podrán elegir si quieren o no gastar su vida con un gran amor.

Este libro trata de eso. De cómo los padres *podemos*. De cómo los hijos se nos pierden por el alcohol, el sexo, y adicciones como la pornografía. De cómo esos gigantes —que lo son— les desarman, dejándoles sin posibilidades de ganar la batalla de la felicidad. Y quedan debilitados, desorientados, perdidos, sin tierra firme bajo sus pies[1].

Si cuando nacieron alguien nos hubiera dado instrucciones para evitar esos riesgos, garantizándonos el éxito,

---

[1] Cfr. Vasili Grossman, *Vida y Destino.* Galaxia Gutenberg, 2007, p. 614.

las hubiéramos seguido al pie de la letra. Este libro no pretende tanto, pero ofrece algunas ideas que he ido recopilando aquí y allá, en numerosos encuentros con padres y alumnos en colegios y foros bien diversos. Añado también mi propia experiencia como madre.

Todo lo que nos pueda ayudar en esta misión sea bienvenido.

Porque nos jugamos la felicidad de nuestros hijos. Y la nuestra.

1.
EL KIT DE SAN VALENTÍN

En cierta ocasión visité un colegio para dirigirme a varios grupos de alumnos y alumnas de bachillerato. Se trataba de pasar por las clases, impartir la misma sesión, y al final, reuniendo las preguntas de los alumnos, hacer una sesión con los padres de todos ellos.

Fue un arduo trabajo, ya que el colegio tenía muchos grupos. Tardamos varias semanas en agendar las charlas para que todo el mundo me escuchara. Por fin, llegó el día de reunirse con los padres.

El grupo era bastante heterogéneo. Se mostraban perplejos por las preguntas que me habían formulado los jóvenes durante los diversos encuentros. De hecho, su reacción ante mis palabras, en algunos casos, fue «no es que no sepa la respuesta, es que no entiendo la pregunta».

Cuando todo terminó, se acercaron unos padres para hablar conmigo en privado.

—Nuestro hijo de dieciséis años —empezó ella, inquieta— llegó a casa el otro día muy contento. Su novia, un año más joven, le ha hecho un regalo por San Valentín... Se trata de un estuche muy bonito de madera con preservativos de varios colores y sabores... Así él puede elegir el que más le guste en cada ocasión...

El hijo, todo contento, se lo había contado primero a la madre, que se quedó perpleja. La chica había comprado el regalo en una web, y a nuestro alumno le parecía un regalo sugerente y, desde luego, nada del otro mundo.

Los padres terminaron su relato. Estaban realmente preocupados. Se preguntaban en qué momento del proceso educativo había faltado una explicación, y de quién era la culpa. Daban por hecho que, yendo a un colegio en el que el chico recibía formación humana y religiosa, y acudiendo los domingos a Misa con ellos, sería suficiente.

La educación es una tarea de equilibristas, en la que los padres hacemos lo que podemos. Educar la sexualidad es la gran laguna de los padres buenos que quieren hacer las cosas bien. Ellos no la recibieron y han sobrevivido bastante bien sin ella. Sin embargo, el mundo ha cambiado mucho en pocos años. Entonces no había internet. Las relaciones sexuales no se consideraban una opción de ocio, como ir al cine o comerse un helado. Ahora es distinto.

Aceptar esta realidad es crucial.

En este momento de la historia, si dejamos a nuestros hijos a merced de lo que el mundo les cuente sobre el amor, la sexualidad, el preservativo… les dejamos solos en una batalla dura y violenta. Sin escudo ni espada, sin armas para defenderse. Y lo que es peor, sin saber qué hacer para vivir la vida con un gran amor.

18

Porque hoy es posible ser joven y vivir un gran amor. Ellos pueden hacerlo, si conocen las razones, las entienden, y se sienten orgullosos de defenderlas.

¿Cómo lo hacemos?

2.
MAMÁ, ¿QUÉ ES EL SEXO ORAL?

En 1998 saltó a los medios de comunicación una noticia asombrosa. El presidente de los EE. UU., Bill Clinton, de 49 años, admitía que había tenido sexo oral con Monica Lewinsky, una becaria de la Casa Blanca, de 22. Al principio la oficina del presidente negó los hechos. Pero el análisis de ADN en el semen de un vestido de ella probó que la noticia era cierta. Clinton no tuvo más remedio que admitirla.

El suceso corrió como la pólvora para todo el que viera la televisión o leyera algún periódico, y fue un escándalo de dimensiones planetarias.

En ese contexto, era lógico que los jóvenes se enteraran, incluso aunque fueran unos niños.

A mí me pasó con mis hijos. Era verano, y uno de ellos era el encargado de ir por las mañanas en bici a comprar el periódico y el desayuno. Aún recuerdo su cara de asombro al llegar a casa: «Mamá, ¿qué es esto del sexo oral? Eso no me lo has explicado...». Obviamente habíamos hablado de lo que es una relación sexual normal, no de cosas raras. Pero tuve que explicarle que la gente a veces no se comporta de forma normal.

¿A qué edad empieza la educación sexual de los hijos? En el noviazgo de sus padres. Cada uno proyecta en ese tiempo lo que quiere, lo que va a ser de su vida, el modelo de matrimonio y de familia al que aspira. Proyecta cómo va a afrontar la fertilidad y la sexualidad en su propia relación. Otra cosa son las dificultades de la vida, que habrá que ir sorteando con paciencia y buen humor.

Proyecta después, en el embarazo, aceptando al bebé tal y como es, tal y como viene, con su sexo. Y más adelante, según va creciendo, vamos dando la información y la formación que consideramos oportuna, adaptándola a cada edad.

Cabe hacerse tres preguntas. La primera es qué digo; la segunda, cuándo; y la tercera, cómo lo digo.

Mi recomendación más apremiante es la formación. En este momento de la historia ningún padre puede excusarse diciendo que no sabe. Si no sabe es porque no quiere, porque medios a su alcance no le faltan. La formación serviría para contestar a las dos primeras preguntas, el qué, y el cuándo. Hay varios cursos, en España y en diversos países, con niveles que pueden adaptarse a lo que cada uno quiera o pueda[1]. No vamos a sobrevivir sin esa formación. Necesitamos el consejo de expertos que sepan

---

[1] Recomiendo el título de Experto Universitario en Educación Afectivo Sexual de la UCAM, porque es el que conozco y dirijo.

mucho, que estén al día y nos ayuden. Necesitamos leer y aprender, para poder educar y formar. Al final de este libro, con este fin, incluyo unas lecturas recomendadas.

En cuanto al *cómo*, ofrezco dos ideas.

Imagina que, en los medios de comunicación, aparece una noticia similar a la que nos referíamos antes. Imagínate que, en vez de preguntar, tu hija o tu hijo no te dice nada. Y que tú quieres transmitirle tu opinión. Podemos ponernos de acuerdo, los padres, para hablar delante de ellos, como si la conversación fuera solo entre nosotros. De esta forma ellos van escuchando y formándose. Y serán capaces más adelante de hacer preguntas en confianza, porque en casa *se puede hablar de todo*.

Si tenemos varios hijos y se quiere formar al pequeño, podemos ponernos de acuerdo con los mayores, que tienen más formación, para hablar del tema delante de los pequeños. Hacemos equipo con ellos, y así se sienten responsables. Se sienten bien.

3.
«¿QUIÉN HA VISTO PORNO
EN MI ORDENADOR?»

UNA VEZ, AL FINALIZAR una sesión se acercaron unos padres con gesto preocupado. Habían encontrado el ordenador de casa lleno de basura pornográfica en el histórico. Era un único ordenador, puesto en un sitio de paso. Puede decirse que esos padres conocían las medidas básicas de prudencia en el hogar.

Ante aquella grieta inesperada en la seguridad familiar la madre perdió el control. Reunió a todos y les amenazó, casi de muerte, exigiendo que el culpable se identificara. Pero, claro, todos pusieron cara de circunstancias: «Yo no he sido...». El padre, que afortunadamente había conservado la calma, pidió tiempo muerto, con la intención de estudiar con su mujer la estrategia más oportuna.

Esto puede pasar hoy en cualquier móvil, iPad o dispositivo electrónico de nuestros hijos, de los muchos que hay ya en los hogares.

«Entre el 18 y el 30 % de los adolescentes —afirma Alejandro Villena— acceden de forma accidental a la pornografía, esto es, sin buscarla de forma intencionada. A veces navegan por internet y el porno los asalta, por medio de los algoritmos que la industria aplica para cada caso»[1].

El primer contacto con la pornografía, según diversos estudios, se produce entre los nueve y los doce años, aunque hay casos en que se adelanta a los ocho.

La *nueva pornografía 2.0* a la que nos estamos refiriendo no es la imagen rancia de las revistas de los años 70, o las películas de los videoclubs de los 80. Es un material casi ilimitado, audiovisual y explícito, que se filtra a diario por internet y es fruto «de una industria multimillonaria, con tintes de degradación y humillación de la mujer»[2].

Los nativos digitales saben cómo saltarse todos los filtros, aunque eso no debe disuadirnos para instalarlos en el hogar. Toda prudencia es poca. Pero lo más importante es que entiendan *por qué les hace daño*. Antes o después se enfrentarán solos a todo lo que les puede herir e incapacitar para vivir la vida con un gran amor.

Y la adicción a la pornografía es altamente incapacitante para amar[3].

¿Qué puedes decirle a un hijo preadolescente, de 9 o 10 años, para que entienda que la pornografía le hace daño, y para que decida libremente no verla?

---

[1] Villena A. *¿Por qué no? Cómo prevenir y ayudar en la adicción a la pornografía.* Alienta, 2023, p. 22.

[2] Ibídem, p. 31.

[3] En el curso de Experto mencionado anteriormente hay un módulo dedicado solo a este tema. En el equipo de *Daleunavuelta.org* hay cursos específicos de gran calidad.

1. La mirada

Alejandro Villena[4] relata una historia interesante. Érase una vez un niño pequeño, hijo de unos padres buenos y trabajadores, que por supuesto querían lo mejor para él. Cuando tenía 2 o 3 años le dejaban el móvil para entretenerse, y le ponían algunos dibujos. El niño, que era muy rápido, aprendió pronto a navegar por internet. Cuando tenía ocho años solucionaba a sus padres sus problemas con la tecnología. Era inocente, y a veces soñaba con ver en el cole a una chica que le parecía muy guapa.

Un día un colega de su clase le dijo «pon la palabra tetas» y ahí empezó todo. Ya no miró a las niñas con aire romántico, solo intentaba ver sus genitales. Ya nunca soñó con ellas de la misma manera. Y ya no imaginó un beso sino tocar su cuerpo desnudo. Aquel día el porno le robó la inocencia, le cambió la mirada, y a través de la mirada le cambió el corazón. A partir de ese momento, tuvo más difícil vivir la vida con un gran amor, porque el corazón ve en el otro un objeto que usar, y no una persona a quien amar.

¿Cómo miramos nosotros? ¿Cómo miramos al mundo? ¿Es la nuestra una mirada de *uso,* o de *admiración*? Porque muchos padres me argumentan que no es tan grave el consumo de pornografía, ya que ellos en su época adquirían esas revistas en los quioscos.

Y tienen razón en una cosa: la mirada torcida es la misma de antes, porque lo que sale por los ojos es lo que

---

[4] VILLENA, A., *¿Por qué no? Cómo prevenir y ayudar en la adicción a la pornografía.* Alienta, 2023, p. 56.

habita en el corazón. Si cuando vemos un hombre apuesto o una mujer hermosa lo único que se nos ocurre es cómo disfrutaríamos teniendo una relación sexual con él/ella, es mirada de *uso*. Y el uso de un ser humano rebaja su dignidad. Y la nuestra.

La mirada de uso es lo que hace que pueda existir la pornografía, la pederastia, la prostitución y la violación. Estamos confundiendo la belleza que existe en las personas con que esa belleza esté hecha solo para satisfacer nuestro deseo. Y así, nuestra mirada convierte al ser humano en «mercancía que se compra y que se vende, de la que se obtiene una satisfacción. Y eso siempre genera dolor»[5]. Eso no significa que quien mira mal, recurra a la prostitución o a la pornografía. Pero está en el origen de ese comportamiento.

La mirada de uso no solo es hacia lo sexual, sino a todo lo que contribuya a obtener una satisfacción, una ventaja social, económica, una buena influencia, un acceso a una relación… Lo propio del ser humano, lo único acorde con su dignidad es ser tratado con amor. De hecho, cuando nos sentimos usados en vez de amados, experimentamos dolor. A veces nos hacen una gran herida que tarda en cicatrizar una vida entera. Cuando nos damos cuenta de que están con nosotros por nuestro dinero, o nuestra influencia, o —como decíamos antes— solo para obtener una relación sexual, la sensación de ser utilizado es muy fuerte y hace daño.

«Siendo un fin en sí mismo —dice Kant—, cada ser humano es único y no puede ser sustituido por nada ni

---

[5] MENÁRGUEZ, M., *Solo quiero que me quieran*. Rialp, 2021, p. 113.

por nadie porque carece de equivalente. No posee un valor relativo, un precio, sino un valor intrínseco llamado "dignidad"». Siguiendo su lucidez de pensamiento, el ser humano nunca puede ser tratado como un medio, ni siquiera para obtener un fin bueno. Tal es su dignidad, la de ser un fin en sí mismo.

Así que quizá es bueno preguntarse si hemos mirado así alguna vez: si hemos visto herramientas, servilletas, medios para usar y tirar. Y rectificar. Y en la medida de lo posible, tratar de cambiar esa mirada. Es como cambiar el corazón.

2. La adicción

Dicen los expertos que la adicción a la pornografía es comparable con la adicción a la cocaína[6]. O al juego. O a los videojuegos, con todo lo que eso supone de dependencia, ausencia de libertad, falta de control, impulsividad… «El problema de esta adicción, como el de todas, es que, cuando existe, se impone sobre todo lo demás, y pasa por encima de estudios, familia, trabajo y amigos. Es un tsunami, un huracán que destruye todo lo que tiene alrededor, porque va primero»[7].

La dopamina es el neurotransmisor principal del llamado *sistema de recompensa*. Sirve, por ejemplo, para reforzar una conducta en educación, a través del refuerzo positivo, porque cada vez que se libera nos sentimos bien.

---

[6] Kleponis, P. *Pornografía, Comprender y Afrontar el Problema*. Ed. Voz de Papel, 2018. pp. 23.

[7] Menárguez, M. *Solo quiero que me quieran*, Rialp 2021. pp. 81.

Hasta que hacemos algo que desequilibra mucho su liberación, como ver pornografía. Entonces, se desordena, y nos pide repetir la conducta cada vez más, hasta convertirnos en adictos.

Eso sucede cada vez que vemos porno. O cada vez que pensamos que lo vamos a ver, porque se va como "preparando". La pornografía produce una sobredosis de dopamina, que hace que nos acostumbremos a niveles más altos de placer. Y que cada vez necesitemos más estímulos para alcanzar ese placer. Sin darnos cuenta, poco a poco, nos volvemos adictos, es decir, esclavos[8].

La parte de nuestro cerebro que ordena nuestra vida es el lóbulo frontal. Nos hace sensatos, racionales y organizados; controla los impulsos y en definitiva nos proporciona una vida armónica. Pero cuando hay un exceso de dopamina, él también se descontrola, y nos descontrola. Por eso vemos ese comportamiento en los adictos, tan ausentes de dicho control.

Conviene hablar aquí de las llamadas neuronas *espejo*. Son las que se encargan de reproducir una conducta, o dicho de una forma muy sencilla, de imitar.

Los estudios demuestran que dichas neuronas se ven alteradas por la pornografía. Y por ello, los adolescentes que la consumen son más violentos, menos empáticos y tienden más a usar a otro que a amarlo[9].

---

[8] Villena, A., *¿Por qué no? Cómo prevenir y ayudar en la adicción a la pornografía.* Alienta, 2023. pp. 124.

[9] Cuesta, U. et al., "The neurosciences of health communication: An fNIRS analysis of prefrontal cortex and porn consumption in young women for the development of prevention health programs". Frontiers in Psychology, 11 (2020), p 2132.

Los estudios dicen también que disminuye la oxitocina con el consumo de porno[10] y que nuestro cerebro disminuye sus capacidades en general[11].

Los neurotransmisores que se liberan en cualquier adicción, especialmente durante la adolescencia, compiten a nivel cerebral con las hormonas que deberían estar conformando el cerebro durante esa época crucial de la vida[12]. Eso significa que, para nuestros hijos, esa adicción está limitando la correcta maduración de ese cerebro en formación, que se encuentra en plena adquisición de su estructura anatómica y funcional.

Las adicciones pueden interferir en ese proceso de maduración, que consiste en una reordenación de este. En él, y durante esta increíble ventana de tiempo que es la adolescencia, algunas áreas crecen, otras se reducen y otras se reorganizan. Y esto afecta a la capacidad de estudio, a la memoria, a la lectura, etc.[13].

Durante la adolescencia el umbral de gratificación es más alto, y necesitan, por tanto, más estímulos que un adulto para llegar al mismo placer. Eso hace al adolescente un candidato idóneo para consumir drogas, alcohol y pornografía. Los que se dedican a estos negocios lo saben. Y hay una gran tentación de buscar la recompensa

---

[10] KOR, A. et al. "Alterations in osytocin and vasopressin in men with problematic pornography use: The role of empathy". Journal of Behavioral Addictions, 11, 1 (2022), pp. 116-127.

[11] CASTRO-CALVO, J. et al. Cognitive processes related to problematic pornography use (PPU): A systematic review of experimental studies, *Adictive Behaviors Reports*, 13, 100345 (2021).

[12] MENÁRQUEZ, M. *Solo quiero que me quieran*, Rialp 2021, p. 71.

[13] Ibid.

inmediata[14]. Además, pornografía y violencia son dos caras de la misma moneda[15].

Cuando los adolescentes me preguntan por todo aquello que puede potenciar su cerebro, y por lo tanto sus capacidades, también les digo que los expertos tienen respuestas. Un trabajo académico riguroso, o sea estudiar y sacar buenas notas, así como una actividad deportiva —y si es de equipo, mejor—, pueden hacer que esas conexiones neuronales mejoren y, por lo tanto, sus capacidades también. Con efectos permanentes en la vida adulta. «Es vital proporcionar a los adolescentes esta información, para que aprendan a autocuidarse y para que vayan de verdad adonde quieran ir, no solo adonde les apetece ir o adonde las circunstancias les conduzcan»[16].

Ellos entienden. No son tontos. Si conseguimos explicárselo elegirán lo mejor, lo que más les conviene. Pero antes, tenemos que lograr que sean reflexivos, que es el primer paso para que sean libres. De eso, hablaremos en un próximo capítulo.

Volviendo al caso inicial, lo que nunca puede hacer un padre o una madre es ponerse histérica/o. Primero porque no sirve de nada. Y después porque bloqueas al hijo, que colapsa y se cierra en banda, y desde entonces es mucho más difícil transmitir cualquier idea al respecto.

---

[14] LÓPEZ MORATALLA, N. y cols. *Sesgos en la investigación de la píldora postcoital. Hormonas femeninas en la maduración del cerebro adolescente.* Cuadernos de Bioética XXII, 2011/2.ª; p. 309-324.

[15] VILLENA, A. *¿Por qué no?, Cómo prevenir y ayudar en la adicción a la pornografía.* Alienta, 2023, p. 70.

[16] SÁNCHEZ, Isabel. *Cuidarnos. En busca del equilibrio entre la autonomía y la vulnerabilidad.* Espasa, 2024, p. 73.

Les roban la mirada, les cambian el corazón, les hacen adictos y les convierten en personas que tienen muy difícil vivir la vida con un gran amor. Y todo para engordar su millonario negocio.

3. Algunos consejos prácticos:

a) Retrasar el inicio de las pantallas todo lo posible

«Los adolescentes y los *smartphones* son una mezcla explosiva. El acceso a internet ilimitado a edades tempranas es fuego y gasolina. Acostumbrar a niños y niñas a navegar con soltura y desde bien pequeños por YouTube, Instagram o Google solo tiene desventajas. Publicar la vida de los adolescentes y sexualizarlos de forma temprana con vídeos de TikTok es un peligro»[17].

b) Cuanta menos tecnología, mejor

«Evítala a toda costa, todo el tiempo que puedas. Habrá un momento en la adolescencia en el que sea más difícil negociar este tema debido a la presión social, por falta de herramientas o por el empuje de la corriente. Evita al menos que la primera infancia y la preadolescencia estén llenas de tecnología. Tírate al suelo, juega, crea objetos con arcilla, haz un puzle, construye un lego, haz deporte, baila y canta con ellos…»[18].

Por lo tanto, pantallas "cero", incluida la televisión. Cuanto más tiempo, mejor.

---

[17] Villena, A. *¿Por qué no?, cómo prevenir y ayudar en la adicción a la pornografía*. Alienta, 2023, p. 53.
[18] *Ibídem*, p. 54.

c) *Anticiparse*

El primer acceso al porno, según los expertos, se produce entre los 9 y los 12 años. Casi siempre en el ámbito doméstico o escolar.

¿Quién es más frágil para caer en la adicción? Los niños y adolescentes introvertidos, los que sufren TDAH, los que tienen ansiedad, depresión, obsesiones.

Por supuesto todos aquellos que no han tenido una adecuada educación sexual por parte de padres y educadores, que les haya alertado del peligro de la pornografía. En muchos casos, la educación sexual de los adultos también está llena de carencias, lo que lo complica todo aún más.

No nos ayuda nada la dependencia tecnológica, la falta de autoestima, o un pasado con traumas o abuso sexual. Finalmente hay que añadir aquellos con un cuadro del espectro autista, y también algunos factores relacionados con el entorno familiar y social (niños que pasan mucho tiempo solos, por ejemplo).

Tenemos que estar atentos a las señales de alerta, como la dependencia tecnológica, los cambios de sueño, los cambios en el estado de ánimo, el bajo rendimiento académico, el aislamiento o el comportamiento machista.

d) *Estrategias para salir*

Una vez detectado y reconocido que tenemos un problema, lo importante es la voluntad de salir. Porque se puede salir, si bien hubiera sido mucho más sencillo no entrar. Recomiendo consultar el *Webinar para dejar la pornografía* de Daleunavuelta.org, aunque no sustituye la ayuda profesional, imprescindible en la mayoría de los casos[19].

El profesional es el que guía y acompaña a la persona en el proceso de salir de su adicción.

No obstante, algunas ideas de apoyo y acompañamiento nos pueden servir para ayudar al adolescente a salir:

— Comunicación: contar para que nos cuente. No te abrirá su corazón si antes tú no le has abierto el tuyo. Si queremos acceso a su interior, tenemos que darle acceso al nuestro. Fundamental.
— Favorecer que haga deporte, sobre todo de equipo, porque se abre a otras personas, comparte experiencias buenas, sale al exterior y libera endorfinas que le hacen sentir bien. Y hace algo por los demás, que también le hará sentir bien.
— Instalar filtros de acceso a internet. Hay muchos y numerosos. Y aunque se los salten, hay que ponerlos para que el acceso no sea tan fácil.
— Refuerzo positivo en todo lo que haga bien. Incluso si trae malas notas, habrá algo que haya hecho bien. Vamos a fijarnos en eso y potenciarlo.

Cuando el que tiene que salir es un adulto, y tiene pareja, el asunto se complica. En el caso de un marido,

---

[19] Disponible en: https://www.daleunavuelta.org/dejar-el-porno/#inscripcion.

por ejemplo, tiene que contar con el perdón de su mujer, ya que ella siente el porno como una infidelidad. Y es así porque, cuando se casaron, él se comprometió a que toda su intimidad le pertenecía a ella. Sin embargo, el perdón es posible. Conozco casos. Son de una generosidad enorme, lo reconozco. Pero la supervivencia del amor, de un gran amor, hace que el perdón valga la pena.

e) La formación de los padres

Todo aspecto que tratemos sobre educación de la sexualidad suele acabar aquí. Porque es muy difícil transmitir un concepto que no se tiene asumido como propio. Muchos padres me dicen: «Esto lo sé, pero no lo sé explicar». Más bien significa que sabemos un poco, pero no lo suficiente, porque no hemos profundizado. O porque no hemos dedicado el tiempo necesario a estudiarlo.

Reconozco que es difícil. Pero no imposible. Los cursos antes citados nos pueden ayudar. De hecho, yo soy partidaria de aprender algo de forma reglada: alguien pensó antes en aquellas materias que nos podían ayudar, y las estructuró de forma que el aprendizaje resultara más completo.

Animo a los padres y educadores a que se formen porque nos jugamos mucho. Este libro solo es una ventana a la que asomarse al mundo de la educación afectivo-sexual. Pero después, hay que recorrer todo el paisaje, y abordarlo poco a poco.

4.
«ABUELA...,
¿POR QUÉ ESTÁN DESNUDOS?»

HACE ALGÚN TIEMPO EMPECÉ a hacer algo con mis nietos que me encanta. Siempre de uno en uno, no en "pandilla", acudir al Museo del Prado para ver dos o tres cuadros y después ir a merendar. No puede ser mucho tiempo porque se cansan, y tiene que ser a solas, porque así tengo la oportunidad de hablar con ellos y ver cómo reaccionan. Los cuadros los llevo pensados de antemano, con una breve explicación.

Pues bien, un día fui a hacer este plan; teníamos que ver la *Anunciación* de Fra Angélico, y después, *Adán y Eva* de Durero. En la *Anunciación*, a la izquierda del cuadro, Adán y Eva están vestidos cuando son expulsados del paraíso, y, sin embargo, en los cuadros de Durero, Adán y Eva están desnudos. La pregunta inevitable de mi nieto aquel día fue: «Abuela, ¿por qué en un cuadro están vestidos, y en el otro, desnudos?». Ya sé que me lo busqué yo solita, pero intenté, con el lenguaje de los cinco años, explicar qué pasó con el pecado original y lo que algunos autores explican como "la vergüenza cósmica"[1].

Intenté hablarle de la mirada, y de cómo nos afecta. De la belleza del cuerpo y de la importancia de lo que nosotros llevamos dentro. De la admiración. Y de lo bueno que es el cuerpo. Porque no hay nada malo en él, ni tampoco en el atractivo que la visión del cuerpo pueda suscitar.

---

[1] Juan Pablo II, *La redención del corazón,*. Palabra, 1996, p. 48.

Porque el deseo es bueno, siempre que esté ordenado. Y dos personas que se desean, se quieren y se aman, ordenan ese deseo a la entrega mutua, a darse al otro y a compartir una vida juntos. Libremente.

La moderación y el orden en los deseos genera felicidad, porque nos ayuda a darnos a los demás y eso siempre nos hace sentir bien por dentro. Lo contrario genera desasosiego y desazón.

«El hombre —dice Juan Pablo II— es único e irrepetible a causa de su *corazón*, que decide sobre él mismo *desde dentro*»[2]. La maldad puede estar en una mirada de uso hacia el otro, como objeto que me genera placer, sin que yo tenga ningún afecto ni compromiso hacia ese otro. Y deja huella, deja herida ese mal uso, tanto en el cuerpo, como en el corazón.

Pensemos en el ejemplo del Prado, en las obras de arte.

El cuerpo humano es objeto de cultura, así como el hombre es sujeto de cultura[3]. Y en esta realidad está el cuerpo humano vivo, que puede hacer teatro o ballet, o incluso dar un concierto. Y el cuerpo como modelo de obra de arte, en la pintura y la escultura, como por ejemplo en el arte clásico griego. Hay en este, obras de belleza sublime «que conducen al espectador, a través del cuerpo, a todo misterio personal del hombre»[4].

Tema aparte es el cine y la fotografía, que reproducen al hombre vivo sin estar realmente presente. Aquí nos enfrentamos con la pornovisión y la pornografía, de la

---

[2] Ibíd, p. 176.
[3] Ibíd, p. 241.
[4] Ibíd, p. 258.

que hemos hablado anteriormente. Y nos encontramos de nuevo con la mirada de uso, en lugar de la mirada de admiración, tanto en el artista, o supuesto artista, en su propia mirada, y en la que desea suscitar en quien mire sus películas o fotos.

La mirada que el artista dirija al cuerpo que representa y la que aspire a suscitar en quienes contemplen su obra, han de ser miradas de admiración, de respeto. Nunca miradas que despierten el deseo de uso o de manipulación de ese cuerpo. El otro no puede ser un objeto del que apropiarse, sino una persona a la que darse.

También sucede en el matrimonio, donde a veces se dan desequilibrios inexplicables entre los cónyuges, y uno es objeto de placer del otro, que le falta así al respeto y rebaja su dignidad.

En este desequilibrio de la apropiación, generalmente sale más perjudicada la mujer. Lo vemos en la pornografía y en la prostitución, porque el propósito es disfrutar de esa mujer como si fuera una cosa que se usa, se manipula y se tira; de la que me sirvo en la medida en que me produce placer.

Detengámonos un momento para hablar de algo que puede resultar muy útil en la educación de los jóvenes: *la madurez afectiva*. Cuando me preguntan sobre esto, siempre contesto lo mismo: consiste en ir a donde quieres ir, y no a donde te apetece. A veces, ambas cosas coinciden, y a veces no. La educación de las futuras generaciones consiste en que ellos, libremente, vayan a donde quieren, aunque a veces no les apetezca. Es la forma que tienen de elegir su destino y de forjar ese futuro que les pertenece.

Una manera práctica de conseguir esto es posponer una gratificación. O, dicho de otra manera, no satisfacer el deseo inmediato: dejar un caramelo para después de comer, retrasar un mes la compra de un móvil nuevo. Todo lo que implique no colmar un deseo y aplazar su recompensa, me ayuda a no obsesionarme con esa satisfacción (no mirar el móvil continuamente para ver cuántos "*likes*" tengo). Las obsesiones impiden la reflexión y me llevan a una dinámica de uso de los demás, no de entrega.

Todo empieza con la mirada. ¿Cuántas veces, en una mirada, hemos visto todo el interior de alguien? Porque uno mira conforme a lo que es.

Mirar a alguien como objeto del que obtener una satisfacción no solo atañe a la esfera de lo sexual. Utilizar a las personas como escalera social, medio para conseguir dinero o negocios, o simplemente presumir de su compañía o blanquear con ella nuestro comportamiento erróneo es también usar a alguien en vez de amarlo.

«El corazón es ese núcleo de la propia personalidad en el que el ser humano, hombre o mujer, decide su destino»[5]. Y cualquier acto exterior es fruto y expresión de la actitud del corazón. «El corazón humano guarda en sí, simultáneamente, el deseo y el pudor»[6].

Una vez una alumna mía me dijo que le daba vergüenza preguntar a un desconocido, antes de tener relaciones con él, si había tenido alguna vez una infección

---

[5] Ibíd, p. 8.
[6] Ibíd, p. 10.

de transmisión sexual. Pero que no le daba vergüenza la desnudez con ese desconocido, porque a eso estaba acostumbrada.

Lo normal es que no queramos convertirnos en objeto para otros por medio de la propia desnudez. Pero para ello necesitamos dos cualidades que no siempre se dan: el sentido de la dignidad del propio cuerpo, y la sensibilidad desarrollada.

La intimidad del cuerpo es como la del corazón. Si se la das a la persona inadecuada, te arriesgas a que haga mal uso de ella; a que te haga daño.

De la vergüenza originaria de Adán y Eva nace la necesidad de intimidad. Y nace el pudor. La intimidad es un regalo inmenso, porque supone entregar el cuerpo y el corazón. Proteger la intimidad es educable a través del pudor, y es recomendable hacerlo en el periodo sensitivo de esta virtud, entre los 8 y los 12 años, en la familia.

La protección de la intimidad, a través del pudor, nos garantiza poder darnos a otra persona y expresar, con el cuerpo, que somos de esa persona para siempre. Por eso es una virtud importante.

Un niño tiene la inocencia originaria de Adán y Eva en el paraíso. Hagamos todo lo posible por protegerla, explicando las cosas de forma que el conocimiento que necesitan para desenvolverse en el mundo de hoy no tuerza su mirada. Y, sobre todo, no cambie su corazón.

5.
QUIERO ACOSTARME
CON MI NOVIO/A

Es la pregunta del millón. Todos los/as adolescentes se la hacen en algún momento. Es algo tan frecuente, tan cotidiano, tan manido en las redes sociales, los medios de comunicación y la televisión que pensar de otra forma se considera de naturaleza extraterrestre.

Aquí, como siempre, lo importante es llegar antes. Antes de la primera relación sexual. Por si acaso, antes de los trece años. Y les toca a los padres. Es cierto que el colegio puede ayudar, si está en la misma línea que los padres. En este momento de la historia, hay que ser muy cuidadosos en la elección de colegio, ya que, lo que de ninguna manera podemos los padres consentir es que el centro educativo deshaga el trabajo que con tanto esfuerzo hemos hecho nosotros.

Hace un tiempo me entrevistó un periodista, conocido por haber recibido varios premios a la mejor entrevista del año[1]. Aquel mes fuimos lo más leído en

---

[1] Sánchez León, Álvaro, "El sexo no es ocio", *Aceprensa*, agosto 2021.

el medio digital en el que se publicó. A raíz de esa entrevista, me llamó y contactó conmigo mucha gente. Y hay algo que nos sorprendió a ambos; la frase que más había llamado la atención era: «El enamoramiento no es irreversible». La gente piensa que, si se enamora, eso no tiene remedio. O que, si se enamora y no está con la persona objeto de su enamoramiento, su vida será desgraciada para siempre.

Lo primero que hay que explicar, en la educación afectivo-sexual es que esto es falso. El *enamoramiento* es involuntario. Es una emoción, un sentimiento que, como todas las emociones y sentimientos, reside en el cuerpo. Por eso, cuando vemos a la persona objeto de nuestro enamoramiento, nos entra taquicardia y nos ponemos rojos.

El *amor* es otra cosa. El amor es cuando cogemos esa emoción, le "seguimos el rollo", por decirlo en lenguaje actual, profundizamos en ella y la hacemos madurar. Y si todo encaja, tomamos la decisión de querer el Bien del otro o de la otra.

Amar es tomar una decisión. Enamorarse, no. Esta idea, tan sencilla, ahorraría dolor a mucha gente si sabemos transmitirla.

Cuando nos enamoramos de gente inadecuada (y a todos nos ha pasado) si no ponemos remedio, entramos de cuatro patas en relaciones imposibles que solo nos van a causar dolor a nosotros y a nuestro entorno. Porque el dolor salpica como el agua de los charcos.

Sabemos que el enamoramiento se acaba pasando si ponemos la distancia adecuada. Cuando, además, analizamos esa relación con racionalidad, se pasa antes. Y no deja secuelas, no deja cicatrices.

46

Pero para esto, hay una condición: que no haya habido relaciones sexuales. Me explico. Hay muchos conocidos de mi entorno, algunos adolescentes, otros jóvenes, y otros no tan jóvenes, que cuando alguien les gusta directamente tienen relaciones sexuales con ese alguien. No le conocen. No se acercan a la personalidad del otro. No les interesa, porque en el fondo, existe la actitud de "uso" de la que hablábamos antes. Sin embargo, al cabo de un tiempo, se encuentran "enganchados" a esa persona, dependientes afectivamente de ella. ¿Qué ha pasado?

A ver qué nos dice la biología.

Durante las relaciones sexuales se libera una hormona cuya investigación se ha puesto de moda últimamente, que es la oxitocina[2]. Se la conoce también como hormona de la confianza y del apego. Su liberación produce sentimientos de unión hacia la otra persona, y por eso se libera en los momentos en los que hace falta crear lazos importantes.

Por ejemplo, en el parto, para fortalecer las relaciones madre-hijo. O en la lactancia. O durante las relaciones sexuales.

La oxitocina se produce en el hipotálamo, se almacena en la hipófisis y se descarga en la sangre, especialmente durante el orgasmo, en ambos sexos, y durante el parto y la lactancia en las mujeres, creando lazos fuertes y difíciles de romper entre las personas[3].

---

[2] MENÁRQUEZ, M., *Solo quiero que me quieran*. "La química del Sexo", Rialp 2021, p. 45.

[3] Ibíd, p. 45.

Marian Rojas, en *Encuentra tu persona vitamina*[4] dice que cuando tenemos relaciones sexuales, aunque sin vocación de compromiso o permanencia, se puede producir un "enganche" de la otra persona, de forma que aparece un lazo inesperado. Es más frecuente en mujeres que en hombres, según su experiencia profesional.

Cuando me enamoro, tengo dos posibilidades. En realidad, tres. La primera es que yo no le guste al otro. Y ahí se acabó la cosa. La segunda es que nos enamoremos ambos, y entonces decidamos tener una relación. Y ante mí se abren dos caminos claros. El primero es intentar conocer al otro, acercarme a su personalidad. Para eso tengo que crear con él/ella lazos verbales, que son los que me van a permitir hacerlo. Consiste en conversar, y hacer demostraciones de afecto que no impliquen relaciones sexuales. Si entro por la vía de las relaciones sexuales, el proceso de conocimiento del otro se interrumpe. Todo gira a partir de ese momento sobre cuándo y dónde voy a tener la siguiente relación sexual. Y al hacerlo, me pierdo la oportunidad de conocerlo/a bien, a fondo.

Ya. Pero ¿en qué consiste conocer al otro?

Jokin de Irala, en *Mírale a los ojos*[5], lo resume así: «Conocer sus luces y sombras, las personas importantes de su vida, sus triunfos, sus fracasos, sus heridas. Lo que siente, lo que piensa. Lo que quiere conseguir, lo que es. Si tiene o no una misión en la vida y cuál».

También encontraréis en ese libro una explicación muy interesante sobre el temperamento, el carácter y la

---

[4] Rojas, M., *Encuentra tu persona vitamina*. Espasa, 2021, p. 53.
[5] De Irala, J., *Mírale a los ojos*. Amazon, 2023, p. 8.

importancia de conocer bien al otro en este aspecto, para asegurar que somos compatibles y que nuestra convivencia será posible[6].

Elegir a la persona adecuada para que nos acompañe en la vida no es tarea fácil. Requiere un análisis racional sobre la persona objeto de nuestro enamoramiento. Requiere un proceso más o menos largo y profundo. Requiere conversar mucho y bien, y conocer los pensamientos y sentimientos del otro sobre los aspectos que van a ser decisivos en nuestra futura vida en común.

Requiere tiempo y esfuerzo, pero nos jugamos la felicidad. Así que vale mucho la pena.

Si iniciamos las relaciones sexuales antes de que eso haya ocurrido, la oxitocina, hormona del apego que crea lazos entre las personas, hace su trabajo y nos "engancha" a la gente antes de conocerla. Se crea, en este caso, una situación de dependencia del otro/a.

Imaginemos un caso en el que dos personas se conocen y se enamoran. A los pocos días, o al día siguiente, empiezan a tener relaciones sexuales. Imaginemos que en el transcurso de 4 o 5 meses, uno de ellos descubre algunos aspectos de la personalidad del otro que no le gustan, no le convencen o simplemente le chirrían. Y entonces empieza a pensar si será una persona conveniente o no para él/ella. Pero la inercia de la relación, la satisfacción o la comodidad de tener una relación afectiva ya conocida y, sobre todo, el apego generado durante las relaciones sexuales hace que cortar con esa persona sea una tarea

---

[6] De Irala, J. *Mírale a los ojos.* Amazon 2023, p. 11.

hercúlea. Y que, además, si lo conseguimos, deje huella, deje trauma, como romper un matrimonio.

¿Nunca os habéis preguntado por qué fracasan tantas parejas, que estaban tan enamoradas? No es solo un tema de infidelidad. Creo que la mayoría cuando se casaron, o cuando decidieron convertirse en pareja estable, no se conocían bien. Había aspectos de su personalidad y de su manera de pensar que eran incompatibles. Pero, o no los habían visto, o la dependencia del otro, debida a las relaciones sexuales era tan fuerte que no tenían la energía ni la fortaleza para romper con el otro/a. Y luego, antes o después, el desgaste de la convivencia y las dificultades de la vida nos trae un fracaso mucho más doloroso que si lo hubiésemos hecho antes, con racionalidad, con conocimiento del otro. Con valentía. Sin relaciones sexuales que crean vínculos inesperados y nublan la vista para tomar la decisión más importante de la vida[7]. Y sin traumas, que traen consigo adicciones en el varón y ansiedad y depresión en las mujeres[8].

Sobre qué hacer cuando tenemos un noviazgo largo, bien construido, y ninguna duda de que es la persona para compartir la vida, hablaremos en otro capítulo. Entra en otra categoría de las cosas, que tiene que ver con el sentido y el significado de la sexualidad humana.

Muchos me preguntan qué hacer si no han encontrado aún la persona adecuada para compartir la vida.

¿Tener un *sexamigo*, ese con el que tienes sexo pero que en realidad no es tu novio?

---

[7] DE IRALA, J. *Te quiero, por eso no quiero*. Amazon 2020, p. 22.
[8] MENÁRQUEZ, M., *Solo quiero que me quieran*. Rialp. 2021, p. 44.

¿Vivir una vida promiscua, sin relaciones serias, sin compromisos y sin complicaciones?

No recomiendo ninguna de esas opciones. Conllevan riesgos graves para nuestra salud física y mental, y son altamente incapacitantes para vivir la vida con un gran amor.

Recomiendo entrenarnos en aquellas cosas que nos ayudarán en el futuro a conseguirlo.

En la paciencia.

En el perdón.

En la ternura.

En todo eso que los anglosajones llaman *life skills*, habilidades para la vida. Capacidad de sacrificio, esfuerzo, superación personal. Cualidades que nos hacen madurar como personas, y que son aspectos imprescindibles en la educación afectiva y sexual[9].

Esta no va solo de hablar de los aspectos biológicos de la sexualidad, aunque eso sea muy importante. Va de hacer posible que las generaciones venideras tengan las herramientas que necesitan para vivir la vida con un gran amor. Un gran amor al estilo de Viktor Frankl cuando, en un barracón, le dice a Otto, su mejor amigo: «Otto, escucha, en caso de que yo no regrese a casa, junto a mi mujer… dile que yo hablaba de ella a diario, continuamente. Recuérdalo. Que la he amado más que a nadie. Y que el breve tiempo que estuve casado con ella tiene más valor que nada…»[10].

---

[9] De Irala, J. *Mírale a los ojos.* Amazon, 2023, p. 19.

[10] De los Ríos, R. *Cuando el mundo gira enamorado. Semblanza de Viktor Frankl.* Rialp, 2004, p. 118.

6.
«USTED NO SERÁ COMO
LA DEL PLÁTANO...»

Un día entré en mi clase y me encontré a mis alumnos un poco despistados. Se iniciaba un nuevo trimestre, tras los exámenes. Y para ellos, una nueva asignatura. Llegué y me presenté, con la intención de explicarles a qué íbamos a dedicar el tiempo, o sea, qué podían esperar aprender si venían a mi clase. El contenido estaba relacionado con la fisiología de la reproducción humana y la sexualidad.

Cuando llevaba hablando siete minutos, levantó la mano un alumno.

—Usted no será como la del plátano...

—¿Quién es *la del plátano*? —respondí.

—Sí, hombre, esa que vino al instituto a darnos una clase de educación sexual... la única que hemos tenido. Traía una bolsa de plátanos y otra de preservativos. Y nos pasamos una hora metiendo plátanos en los preservativos.

—¿Y...?

—Cuando terminamos nos dijo que ya teníamos educación sexual suficiente.

He de reconocer que me dejó pensativa. Algunos padres y educadores piensan que la educación de la sexualidad consiste en hacer lo posible para que sus hijas o alumnas no se queden embarazadas. O para que ellos y ellas no cojan una infección de transmisión sexual.

La mayoría de las veces que me han invitado a colegios para hablar de este tema era para padres de adolescentes. Pero es un error: ya es tarde.

Los padres no hablan con sus hijos de sexualidad por varias razones.

La primera es porque no lo han hecho nunca, y empezar en ese momento les cuesta muchísimo.

La segunda, porque no encuentran el lenguaje. De ahí la importancia de la formación; no solo para adquirir el conocimiento, sino también el lenguaje para transmitirlo.

Y la última —y creo que la más importante—, porque, entre ellos, nunca han hablado de su propia sexualidad.

En el proceso de tomar decisiones sobre la intimidad del matrimonio, la conversación entre la pareja es esencial. No tomar una decisión es una mala forma de tomar una decisión: cuántos hijos queremos tener, cuándo, qué haremos para espaciar los embarazos. Tampoco es solo un problema de la mujer, porque afecta a los dos de forma nuclear, si bien es cierto que casi toda la carga física, y buena parte de la afectiva recaen sobre ella.

La educación de la sexualidad de los hijos comienza en el noviazgo de sus padres, ya que ellos, después, irán transmitiendo cómo vivieron en esa etapa. Por eso es tan importante el noviazgo, y poder contarles que las cosas se hicieron bien.

Para educar la sexualidad de forma eficaz, tenemos que hacerlo en todas las etapas del desarrollo del niño, desde la prenatal hasta la adolescencia.

Las podemos dividir de la siguiente forma:

1. Educación prenatal
2. De 0 a 2 años
3. De 2 a 6 años
4. Etapa primaria, de 6 a 12 años
5. Etapa adolescencia

1. EDUCACIÓN PRENATAL

Un hombre y una mujer que se desean, se quieren y se aman, tienen que pensar cómo van a gestionar su fertilidad y su sexualidad. Tienen que hablarlo durante el noviazgo. Antes de tomar la decisión de estar juntos para siempre, tienen que saber cómo quieren que sea su intimidad. Como hemos dicho antes, es ahí donde empieza la educación sexual de sus futuros hijos, en el noviazgo de sus padres.

En el inicio del embarazo, y a lo largo del mismo, es muy importante aceptar ese hijo/hija, como venga, con su sexo, y sus circunstancias.

La determinación del sexo del bebé se produce a tres niveles. El primero es el sexo genético, el segundo el sexo gonádico y el tercero es el sexo neuropsicológico o cerebral.

El varón, desde el punto de vista *genético*, es XY, con un grupo génico SRY activo, el cual es un conjunto de genes que hace posible el desarrollo testicular en el varón. La mujer es XX, sin grupo génico SRY activo.

El segundo es el sexo *gonádico*, que se caracteriza por testículos en el varón y ovarios en la mujer. El gen SRY activo del varón, como hemos dicho, hace posible el desarrollo testicular.

Y por último el sexo *neuropsicológico* o cerebral.[1] Por acción de las hormonas en el cerebro, este es androgenizado, en el caso del varón y estrogenizado en el caso de la mujer[2].

Los estudios demuestran que hay una comunicación no verbal madre-hijo durante el embarazo[3]. Y también padre-hijo, aunque menos intensa. De forma que podemos transmitir, física y emocionalmente, que le queremos.

Se conoce como plasticidad cerebral a «la capacidad de las células cerebrales para responder con cambios estructurales y funcionales ante los estímulos del medio»[4].

Eso de la plasticidad cerebral significa que tenemos la oportunidad de mejorar ese cerebro, o empeorarlo, según lo que hagamos. Y tenemos dos grandes ventanas de oportunidad para hacerlo. Una es el período prenatal, y hasta los 3 años, en la que, cualquier estímulo bien orientado

---

[1] POLAINO, A. *¿Hay algún hombre en casa?* Desclée de Brouwer, 2010, p. 89.

[2] DEL RÍO, J. P. et al. *Steroid hormons and their Action in Women's brains: the importance of Hormonal balance.* Front. In Public Health, 2018. 23: 6: 141.

[3] COROMINAS, C. *El embarazo y el primer año de vida.* Ed. Palabra, 2010, p. 10.

[4] VIGIL, P. et al. *Influence of sex steroid hormones on the adolescent brain and behavior. An update.* Linacre Q. 2016. Aug. 83 (3): 308-329.

hacia el bebé, mejorará sus conexiones neuronales para siempre. Y podrá mejorar su memoria, su atención, su capacidad para aprender idiomas, su oído, etc.[5].

El otro es la adolescencia, del que hablaremos después.

2. DE 0 A 2 AÑOS

La educación es un acompañamiento. La educación sexual también, porque es una parte de la educación.

El niño, durante su etapa infantil, para sentir seguridad, debe tener sus necesidades básicas cubiertas. Eso le dará confianza.

Una de las primeras palabras que debe aprender un lactante, después de papá o mamá, es pene o vulva. Porque su identidad biológica le define, le confirma en quién es y a dónde pertenece. Le da confianza y seguridad[6].

3. DE 2 A 6 AÑOS

En esta etapa de la vida, se produce el control de esfínteres. Ese control proporciona autonomía y, por lo tanto, autoestima[7].

El niño se caracteriza en esta etapa por manifestar gran terquedad, obstinación y aferramiento al deseo.

---

[5] DOMAN, Glenn y DOMAN, Janet. *Cómo multiplicar la inteligencia de su bebé.* Editorial EDAF, S.L.U., 2017, p. 65.

[6] VIGIL, P., DEL RÍO, M., DEL RÍO, J. P. Experto en Educación Afectivo-Sexual UCAM.

[7] DEL RÍO, J. P. Experto en Educación Afectivo-Sexual UCAM.

También es el gran momento de los porqués; preguntan el porqué de cada cosa.

Y si su mamá espera un bebé, hacen muchas preguntas, porque eso lo ve y lo vive físicamente. Siempre hay que contarles la verdad. Tienen que sentir que estaremos con ellos, a su lado. Que nunca les dejaremos solos en el camino de su maduración personal. Que nunca les engañaremos en los temas importantes, ni en ningún tema. Eso les generará confianza.

Los contenidos importantes en esta etapa están orientados hacia la anatomía del hombre y la mujer, el embarazo, y la forma en que nacemos los humanos.

No les demos más información de la que necesitan, tampoco menos. Si le damos más, se pueden inquietar. Si le damos menos, pueden buscar fuentes alternativas.

La mejor respuesta es una buena pregunta, para saber exactamente cuáles son sus dudas y qué quieren saber.

4. Etapa primaria

Aquí empezarán a hacer preguntas en serio. A veces fáciles. A veces no. Lo que no podemos hacer, ante una pregunta difícil, es decir: «Ya te lo diré», y luego no hacerlo nunca. Porque entonces les fallaremos.

Lo ideal es tener una conversación corta. Si nos preguntan, repreguntar. «¿Por qué quieres saber esto?». Así nos da tiempo a pensar y tenemos más información sobre por dónde van los tiros. No hace falta dar más información de la que nos piden. Y las respuestas tienen que ser cortas, verdaderas y sencillas.

Algunas veces, tendremos que manejar la espera, porque sencillamente no podemos contestar en ese momento. Y decirles: «Ahora mismo no podemos hablar, pero te prometo que en cuanto lleguemos a casa, lo haremos». Y hacerlo. En este momento de su desarrollo deberíamos ser capaces de comunicar todos los contenidos importantes sobre sexualidad y transmisión de la vida. Y eso antes del inicio de la pubertad, que acontece, aproximadamente a los doce años.

Al final de este capítulo encontraréis un Anexo de contenidos de educación de la sexualidad por edades. Y al final del libro, una bibliografía. Aunque, como hemos repetido varias veces, lo ideal es formarse en algunos de los cursos académicamente pensados con este objetivo[8].

5. Etapa adolescencia

En el Experto en Educación Afectivo-Sexual UCAM, el equipo de la Dra. Pilar Vigil dice lo siguiente:

«La adolescencia es la etapa del logro de la identidad personal. Es una etapa de inseguridad y turbulencia hormonal. Pero todo ello contribuye al objetivo de la identidad personal»[9].

La adolescencia es la segunda gran ventana de oportunidad para mejorar nuestro cerebro. Y, biológicamente, la última. En ese momento crucial de la historia de cada ser humano, y durante un período de tiempo de varios años (12-18), se da la gran maduración cerebral, la máxima capacidad de cambios neuronales ante estímulos, después de lo conseguido durante la vida intrauterina[10].

En el adolescente, el sistema límbico cerebral y la corteza prefrontal están desconectados. Eso significa que los deseos, los sentimientos y las emociones cobran un gran protagonismo, frente a la racionalidad. Poco a poco, a través de la maduración, se conectan, de forma que, en

---

[8] Vigil, P., Del Río, M., Del Río, J. P., Experto en Educación Afectivo-Sexual UCAM.

[9] Ibíd.

[10] Vigil, P.; Del Río, J. P.; Carme, B.; C. Aranguiz, F.; Rioseco, H.; Cortés ,M.; *"Influence of sex steroid hormones on the adolescent brain and behavior: an update. The Linacre Quarterly 83,* n. 3, agosto 2016, p. 308-329.

un adulto maduro, debería prevalecer lo racional frente a lo emocional. Desde un punto de vista neurobiológico, lo que ocurre es que predomina el sistema límbico sobre la corteza prefrontal, que es la racional.

La adolescencia en las mujeres, biológicamente, se inicia con la menarquia o primera menstruación. En los varones, con la maduración del proceso espermatogénico. Algunos lo asocian con la primera polución nocturna.

A nivel cognitivo, es una época de oro. Si se aprovecha bien, al final de la adolescencia, habrá un pensamiento lógico. Y unas habilidades sociales que durarán para siempre. Por eso, estos años son cruciales para el futuro comportamiento del ser humano, porque los cambios cerebrales que se producen quedan para siempre e influyen durante el resto de la vida[11].

Estos cambios son debidos en gran medida a la acción de las hormonas sexuales, a las que se generan en el ovario y testículos (estrógenos, progesterona y testosterona), y en la propia base del cerebro.

La razón de ser de esta influencia es que varias áreas cerebrales tienen receptores para estrógenos, progesterona y testosterona, modulando así la actividad y ayudando a conformar dicho cerebro[12]. O dicho de una forma más sencilla, esas hormonas son secretadas al sistema circulatorio, y así, viajando por el cuerpo, llegan hasta el cerebro,

---

[11] Menárguez, M., *Solo quiero que me quieran* Rialp, 2021, p. 70.

[12] Vigil, P.; Del Río, J. P.; Carme, B.; C. Aranguiz, F.; Rioseco, H.; Cortés ,M.; "*Influence of sex steroid hormones on the adolescent brain and behavior: an update. The Linacre Quarterly 83,* n. 3, agosto 2016, p. 308-329.

en el que encuentran una diana, un sitio en el que estar y desde dónde influir en la mejora de este.

La función de las hormonas, en este caso, es ayudar a esa correcta maduración, ya que ese cerebro en formación se encuentra en plena adquisición de su estructura anatómica y funcional madura[13].

Por eso, alterar de forma externa los niveles de estrógenos y el carácter cíclico de sus cambios hormonales con la píldora anticonceptiva, por ejemplo, puede interferir en ese proceso de maduración[14]. Porque durante esa increíble ventana de tiempo, algunas áreas del cerebro crecen, otras se reducen y otras se reorganizan. Y esto afecta a la capacidad de estudio, a la memoria, a la lectura, etc. Las hormonas segregadas en ondas cíclicas modulan esa maduración cerebral e intervienen decisivamente en su estructura definitiva.

En el caso del varón, la influencia de la testosterona conforma un cerebro distinto[15], bajo una influencia hormonal esteroidea diferente. Por ejemplo, las conexiones entre los hemisferios cerebrales, diferentes en el varón y en la mujer, hacen a las mujeres más empáticas y a los hombres mejores constructores de sistemas. Ese dimorfismo entre el cerebro del varón y el de la mujer ha sido confirmado con técnicas de imagen, corroborando la influencia de las hormonas esteroideas en su conformación.

[13.] MENÁRGUEZ, M. *Solo quiero que me quieran* Rialp, 2021, p. 70.

[14] Ibidem, p. 70.

[15] LÓPEZ MORATALLA, N., y cols. *Sesgos en la investigación de la píldora postcoital. Hormonas femeninas en la maduración del cerebro adolescente. Cuadernos de Bioética XXII,* 2011/2.ª; pp. 309-324.

Por todo ello, la adolescencia es una etapa crucial para el ser humano[16]. Algunos autores la definen como un período de adaptación desde la infancia hasta la edad adulta, y lleva consigo cambios psicológicos, sociales y fisiológicos, incluyendo la capacidad de adquirir comportamientos afectivos y sexuales típicos masculinos y femeninos. Se caracteriza también por su egocentrismo y la adquisición de nuevas habilidades mentales destinadas a construir un pensamiento lógico[17].

Desde una perspectiva anatómico-fisiológica, las técnicas de imagen han demostrado que las zonas del cerebro relacionadas con el comportamiento emocional y la generación de sentimientos evidencian un aumento de actividad, si lo comparamos con la infancia o con la vida adulta.

Así mismo, se tienden a minimizar las conductas de riesgo y a aumentar aquellas que suponen una gratificación inmediata[18]. De ahí la frecuencia de las decisiones irracionales, la impulsividad del comportamiento y la ausencia del control de las emociones.

---

[16] VIGIL, P.; DEL RÍO, J. P.; CARME, B.; C. ARANGUIZ, F.; RIOSECO, H.; CORTÉS ,M.; *"Influence of sex steroid hormones on the adolescent brain and behavior: an update. The Linacre Quarterly 83,* num. 3, agosto 2016, pp. 308-329.

[17] LÓPEZ MORATALLA, N, y cols. *Sesgos en la investigación de la píldora postcoital. Hormonas femeninas en la maduración del cerebro adolescente. Cuadernos de Bioética XXII,* 2011/2.ª; pp. 309-324.

[18] VIGIL, P.; DEL RÍO, J. P.; CARME, B.; C. ARANGUIZ, F.; RIOSECO, H.; CORTÉS ,M.; *"Influence of sex steroid hormones on the adolescent brain and behavior: an update. The Linacre Quarterly 83,* num. 3, agosto 2016, pp. 308-329.

Durante la adolescencia, el umbral de gratificación es más alto, y necesito, por tanto, más estímulos que un adulto para llegar al mismo placer. Eso hace al adolescente un candidato estupendo para consumir drogas, alcohol y pornografía. Y hay una gran tentación de buscar la recompensa inmediata[19].

Cada vez hay un consenso mayor entre los expertos en que una persona alcanza su madurez afectiva cuando es capaz de posponer una gratificación si, a cambio, obtiene una recompensa a largo plazo.

Por ejemplo, renunciar a comer algo que sabemos que nos sienta mal para encontrarnos mejor. O estudiar bien un examen para lograr una buena nota. Esos esfuerzos, destinados a un bien superior pero no inmediato, hacen a la persona dueña de su vida, ya que consigue ir a donde quiere ir, y no a donde le apetece.

Los factores externos, como la píldora anticonceptiva, que alteran el balance hormonal durante la adolescencia, interfieren en los mecanismos de plasticidad cerebral, impidiendo que el cerebro se conforme adecuadamente. También las adicciones como el alcohol o la pornografía afectan negativamente en la conformación de un cerebro maduro.

Además, el adolescente tiene una atracción natural por la conducta de riesgo, debido a su inmadurez emocional[20]. Eso hace que valore más el beneficio de esa

---

[19] LÓPEZ MORATALLA, N., y cols. *Sesgos en la investigación de la píldora postcoital. Hormonas femeninas en la maduración del cerebro adolescente. Cuadernos de Bioética XXII,* 2011/2.ª; pp. 309-324.

[20] LÓPEZ MORATALLA, N. *El cerebro adolescente.* Rialp, 2019, p. 83.

conducta que el riesgo que conlleva. Hasta que el sistema límbico, responsable de las emociones, no madura debidamente, no se normaliza esa conducta. Esta inmadurez emocional, junto con la necesidad de recompensa, hace que se tomen a veces decisiones equivocadas sobre la sexualidad, o sobre el uso de drogas o alcohol que, a su vez, complican la conformación madura de ese cerebro[21].

Las conclusiones de los diversos estudios son que un adolescente, consciente de lo que se juega, tendrá un extremo cuidado durante los años que conformarán su cerebro para siempre, y que le harán desarrollar de forma óptima todas sus capacidades. Sabemos que lo que interfiere en ese desarrollo son las drogas, el alcohol, adicciones como la pornografía y la píldora anticonceptiva.

En cuanto a la ingesta de alcohol, especialmente los fines de semana, es un problema ya que se toma mucho durante un tiempo corto. Eso no solo afecta al hígado, que se puede dañar, sino que, cuando el hígado ya no puede metabolizarlo, se acumula en el cerebro, afectando, como ya hemos visto, a su desarrollo y maduración.

En cuanto a los programas para prevenir el alcoholismo en adolescentes[22], son más efectivos aquellos que consideran el tema dentro de un todo, que abordan la realidad biológica de la persona, su fortalecimiento de habilidades para la vida y su educación afectiva-emocional.

---

[21] Ibídem, p. 120.

[22] DEL RÍO, J. P. et al. *Neuroactive hormones and personal growth: associations in Chilean adolescents (ages 12-25) with ovulatory dysfunction.* Frontiers in Psycology. DOI:10.3389/fpsy. 2024. 1433437

Y su eficacia, es más alta si lo imparte un miembro de la comunidad escolar, es decir, un profesor conocido, que un experto externo.

Por otro lado, tanto un trabajo intelectual riguroso como el ejercicio físico ayudan y mejoran la conformación de ese cerebro. Esta es una información vital para que cada adolescente tome sus propias decisiones, y vaya a donde quiere ir, no solo a donde le apetece, o a donde las circunstancias le lleven[23].

La otra cara de la moneda, lo maravilloso de esta etapa bien aprovechada es que esa energía y esa capacidad de ilusión pueden llevar a nuestro adolescente a decisiones valientes y altruistas. A una acción de voluntariado comprometida. A la solidaridad, pues está en el período sensitivo de esta virtud, y si lo aprovechamos, será solidario para siempre. A la entrega a los demás, desinteresada.

Es el momento de pasar de la motivación extrínseca a la intrínseca (explicaremos en qué consiste) y experimentar la alegría y el bienestar del esfuerzo y las cosas bien hechas.

Esto les hará personas maduras y comprometidas en el futuro con los demás y con la sociedad que les ha tocado vivir.

En cuanto a la forma de comunicarnos con los adolescentes, hay cuatro claves fundamentales:

— La primera es *el amor*, es decir, que se sientan queridos. Eso significa que tienen que saber que, hagan lo que hagan, los querremos siempre. Aunque suspendan. Aunque salgan después de la hora

---

[23] MENÁRGUEZ, M. *Solo quiero que me quieran*, Rialp, 2021, p. 74.

prevista. Una cosa es desaprobar una conducta y otra hacer que se sientan solos en el mundo, porque nadie les quiere.

— La segunda es *risas*. Sentido del humor. Siempre que podamos, porque el sentido del humor es el aceite de las relaciones humanas. Y nos ayuda mucho, nos descansa la cabeza y el corazón.

— La tercera son los *lazos*. Crear lazos. «Ser amigo es crear lazos»[24], le decía el zorro al Principito. Tenemos que hacernos aliados suyos en muchas cosas, pedirles ayuda con la tecnología, con los hermanos pequeños…, y ser agradecidos cuando nos la prestan. Eso va creando lazos, redes de afecto y de apoyo. Y comprensión. Y agradecimiento.

— Y *límites*, porque los adolescentes los necesitan. Porque, aunque protesten, les dan seguridad. Y porque, cuando pasan los años, no muchos, te reconocen que gracias a tu perseverancia ellos son unas grandes personas.

No podemos olvidar el refuerzo positivo cada vez que hacen algo bien[25]. Y el respeto a su intimidad y su privacidad, porque eso también les da seguridad.

[24] Saint-Exúpery, A. *El Principito*. Salamandra, 2021. Diálogo entre el zorro y el principito.

[25] Sánchez, A. *Experiencias de una madre*. Palabra, 2001, p. 54.

7.
«EL PRESERVATIVO ES PLÁSTICO
Y CONTAMINA...»

UN DÍA EN CLASE estaba explicando el complicado tema de las infecciones de transmisión sexual. Abordaba la diferencia entre sexo seguro y "sexo más seguro", que tan bien explica el Prof. Jokin de Irala[1], cuando dice que el preservativo disminuye el contagio de estas infecciones, pero no lo elimina. En algunos casos se crea una falsa sensación de seguridad, y podemos contribuir a las enfermedades de transmisión sexual promoviendo su uso.

Bueno pues estaba yo en esas cuando levanta la mano un alumno. Era el más "alternativo" en aquel grupo: rastas, tatuajes, etc. Interrumpo mi explicación para darle la palabra. Él se pone de pie, muy solemne, y me dice con cara de hacer un anuncio importante:

—Tía, no te rayes. El preservativo es plástico y contamina. Con que discurre algo mejor para solucionar esto.

---

[1] DE IRALA, J.; HANLEY, M.; LÓPEZ, C. *Propóntelo, Propónselo* Ediciones Internacionales Universitarias, 2009. p. 81.

Teníamos que "discurrir" otra cosa, como él decía. A partir de ese momento, pude hablar sin ningún problema de los métodos de Planificación Familiar Natural, de la abstinencia sexual que conllevan, y de la abstinencia sexual necesaria antes de tener una pareja estable; del proceso de conocimiento del otro, y de todas esas cosas que a mí me importaba transmitir en aquel curso y que siempre son difíciles de introducir.

Una de las cosas más importantes, cuando hablamos de las enfermedades de transmisión sexual (ETSs), es que la decisión de tener una relación sexual, en la adolescencia, puede condicionarnos toda la vida si cogemos una infección.

Pongamos el ejemplo de la clamidia, que es de las "buenas", porque es sensible a los antibióticos y por lo tanto "se cura". El Dr. Miguel Ángel Martínez-González en su libro *Salmones, Hormonas y Pantallas*[2] lo explica con claridad. La clamidia desencadena una inflamación, cuyo resultado es la construcción de una especie de muro para impedir la invasión del agente infeccioso. Ese muro deja cicatrices que pueden obstruir las trompas de Falopio de forma permanente. De tal manera, que cuando una mujer, años después, quiere quedarse embarazada, puede tener un embarazo extrauterino, muy peligroso, o simplemente no lograrlo. Por una infección consecuencia de una relación esporádica durante su adolescencia…

Un día, llegó a mi clase una alumna, buena estudiante. Traía mala cara. Le pregunté qué le pasaba y me describió

---

[2] Martínez-González, M. A. *Salmones, hormonas y pantallas*. Planeta, 2023, p. 170.

una serie de síntomas con dolor abdominal. Mi intuición me hizo enviarla a urgencias inmediatamente. Por la noche yo tenía un viaje, y cuando aterricé leí su mensaje: «Llámame, por favor». Efectivamente, tal y como yo sospechaba, tenía un embarazo extrauterino, como consecuencia de una obstrucción de la trompa de Falopio, debido a una infección por clamidia. Le podía haber costado la vida.

Cuando se recuperó, estuvimos hablando largo y tendido. Ella no entendía por qué le había pasado eso, si solo había tenido tres parejas sexuales en su vida. Le expliqué que bastaba con una relación sexual con una pareja infectada para que pudiera sucederle.

Lo he visto en jóvenes, adolescentes y adultos. He visto brotes terribles de herpes genital en mujeres de cincuenta años, como consecuencia de relaciones anteriores. He visto mujeres con cáncer de cuello uterino, como consecuencia del virus del papiloma humano, contagiado por un marido infiel.

El embarazo es posible unos pocos días de cada mes. Pero coger una infección es posible todos los días. Una relación sexual implica un contacto, no solo con esa persona, sino con todas aquellas con las que esa persona se ha relacionado, y con todas las que se han relacionado con cada una de ellas. Y así hasta el infinito. La posibilidad de infectarse es elevadísima.

«La OMS estima que surgen más de un millón de casos nuevos de ETS cada día en el mundo»[3]. Cuatrocientos millones al año.

---

[3] Martínez-González, M. A. *Salmones, hormonas y pantallas*. Planeta, 2023, p. 171.

Algunas son curables. Otras no. Tienen tratamiento la sífilis, la gonorrea, la clamidia y las tricomonas. No significa que no dejen huella, cicatriz o efectos secundarios, pero son sensibles a los antibióticos. Al final de este capítulo incluyo un Anexo con las ETS más importantes y su tratamiento.

Los virus, como la hepatitis B, el herpes simple, el VIH, causante de sida, y el virus del papiloma humano, VPH, no se curan, aunque se pueden tratar algunos síntomas.

La ETS más frecuente en el mundo es el VPH. Produce 570 000 casos de cáncer de cuello uterino y más de 310 000 defunciones al año. Hay más de cien tipos de virus, y la vacuna protege solo parcialmente[4].

Por lo tanto, es una solución eficaz pero parcial, ya que no protege de todos los tipos de virus, ni mucho menos[5]. Eso sí, son las vacunas más caras de la historia.

Los expertos señalan que el riesgo de infección es directamente proporcional a la precocidad de las relaciones sexuales y al número de parejas sexuales.

Según los estudios de Odeblad[6], con el que tuve la suerte de trabajar, durante la adolescencia se da en el cuello uterino de la mujer un determinado tipo de secreción cervical llamada S[7], con una casi ausencia de inmunog-

---

[4] *Ibidem*, p. 172.

[5] OSORIO, A.; LÓPEZ DEL BURGO, C.; RUIZ-CANELA, M.; et al. "Safe-sex belief and sexual risk behaviours among adolescents from three developing countries: a cross-sectional study". *BMJ Open,* 2015; 5: e00782.

[6] TEMPRANO, H. Atlas Fotográfico de los Tipos de Secreción cervical a microscopía óptica. ISBN: 978-84-09-31016-6. 2021, p. 53.

[7] *Ibidem*, p, 53.

lobulinas y defensas contra las infecciones. La secreción cervical tipo G, propia de las fases infértiles del ciclo, se desarrolla más tarde, hacia los 18-20 años.

Además, el cérvix tiene la llamada "zona de transformación". «En esa zona inmadura, que es más externa y expuesta cuanto más jóvenes son, las células son más vulnerables a las bacterias y los virus. Con la edad se reduce esa zona de transformación y las mujeres están más protegidas frente a tales infecciones»[8].

Si además toman anticonceptivos hormonales, aumentan el riesgo de cáncer de cuello uterino, además de ver afectada su salud mental.

Otra vez, las mujeres, sobre todo adolescentes, son más víctimas que los hombres de este desastre, aunque ellos también se infectan.

Es también reciente el brote de la viruela del mono (*monkeypox*). Empezó en España en mayo de 2022. Al principio, no se consideraba una ETS, pero se descubrió que los contagios se producían, sobre todo, en hombres que habían tenido sexo con hombres, en aquellos con múltiples contactos sexuales, o que habían practicado el *chemsex* (actividades sexuales con drogas y de riesgo elevado).

Las ETS crecen en EE. UU., que es dónde los datos están mejor recogidos, y también en España. Estamos alcanzando niveles de pandemia. Pero una persona joven piensa que, a él, o a ella, no le va a pasar. El portador puede no tener síntomas, y no considerarse enfermo. Y

---

[8] Martínez-González, M. A., *Salmones, hormonas y pantallas*. Planeta, 2023, p. 206.

transmite la infección a todas las parejas sexuales que tenga, sin saberlo.

En España, la gonococia y la sífilis, después de haberse considerado erradicadas en los años 60, han emergido con fuerza desde el inicio del siglo XXI[9].

Cuando surgieron los primeros casos de sida, en los años 80, antes de los antirretrovirales, se llegó a pensar que la única medida para prevenir esta terrible enfermedad era promover el uso de condones. Esto, sin querer, ha acabado promoviendo una cultura de la "seguridad" ante la promiscuidad. Algunas infecciones, como la clamidia, el herpes genital y el virus del papiloma humano han aumentado por la falsa sensación de seguridad que transmite el preservativo, ya que, *aunque disminuye el riesgo de contagio, no lo elimina, ni mucho menos.* Basta comprar cualquier preservativo de cualquier marca, en cualquier farmacia del mundo, y leer su prospecto. No digo nada nuevo.

En ningún país del mundo ha disminuido el sida por la promoción de condones. Sin embargo, sí lo ha hecho por promover políticas de retraso del inicio de la primera relación sexual, y de fidelidad a una única pareja[10].

Desde hace mucho tiempo, hay evidencia científica de que se puede *no* coger una infección de transmisión sexual. Está descrita por los Centros de Control y Prevención de Enfermedades (CDC) y resumida de la siguiente forma:

La forma más fiable de evitar la infección es no mantener relaciones sexuales.

---

[9] Ibid., p. 177.
[10] MENÁRGUEZ, M., *Solo quiero que me quieran.* Rialp, 2021, p. 54.

La monogamia mutua significa aceptar ser sexualmente activo con una sola persona, que ha aceptado ser sexualmente activa solo contigo. Mantener una relación mutuamente monógama a largo plazo con una pareja no infectada es una de las formas más fiables de evitar las ETS.

Es importante mantener una conversación abierta y sincera al respecto.

Reducir el número de parejas sexuales puede disminuir el riesgo de contraer ETS. Sigue siendo importante que tú y tu pareja os hagáis las pruebas y que compartáis los resultados de estas pruebas[11].

Esto dicen los que más saben del mundo. Entonces, ¿Por qué no se lo contamos a los jóvenes? ¿Por qué les seguimos diciendo que si usan preservativo no pasará nada?, o como dice el Dr. Martínez-González, ¿acaso van a ser fieles al preservativo, cuando no lo son a su propia pareja?

Si la estrategia A, B, C, ha triunfado como método preventivo del sida y otras ETS, ¿Por qué no la implementamos?

A: de *abstinencia*: retrasar las relaciones sexuales hasta que estén preparados para la estabilidad en una relación comprometida y firme.

B: ser fieles, *be faithful*, con esa relación.

C: *condom*, solo para aquellos incapaces de A o B.

---

[11] https://www.cdc.gov/std/prevention/defautl.htm En *Salmones, hormonas y pantallas*, Martínez-González, M. A., Planeta, 2023.

Estas conclusiones fueron publicadas en *Lancet*[12] y dieron la vuelta al mundo.

El problema es que no hemos dicho eso. Hemos centrado el mensaje en que el preservativo es absolutamente seguro, cuando eso no es cierto. Y hemos hecho que las ETS aumenten[13].

Creo que el mensaje debería ser ¿qué pasa con mi vida si tengo relaciones sexuales tempranas o promiscuas? ¿Voy a ser más feliz? ¿Voy a estar más contento/contenta? Porque indudablemente voy a correr un gran riesgo físico. Y, sobre todo, ¿eso me va a ayudar a vivir la vida con un gran amor? ¿O lo hará muy difícil?

Muchas chicas jóvenes en esas relaciones ni siquiera tienen placer, sino dolor. Un dolor pélvico que puede ser permanente en la vida adulta. Su libido es baja debido a la píldora anticonceptiva. Y su estado de ánimo también, por el mismo motivo.

Hay, por tanto, una sexualidad que genera felicidad, y otra que genera dolor. ¿Con cuál de ellas nos quedamos?

Mi alumno, el que no usa condones porque son de plástico y contaminan, sostiene una idea que ya se empieza a oír con más frecuencia. Tengo que reconocer que la primera vez que me lo dijeron "colapsé", como se dice ahora. Pero las nuevas generaciones, coherentes con su ecologismo, la defienden.

---

[12] HALPERIN, D., STEINER, M., CASSEL, M. *et al.,* "The time has come for common ground on preventing sexual transmission of HIV", *Lancet,* 2004; 364:1913-5.

[13] DE IRALA, J., ALONSO, A., "Changes in sexual behaviours to prevent HIV". *Lancet,* 2006; 368:1749-50.

Al final, si no volvemos a la persona, no encontramos explicaciones sólidas. La persona tiene una parte biológica, otra psicoafectiva y otra espiritual[14]. La sexualidad afecta a todas ellas. La parte biológica demanda placer sexual completo para los dos. La parte afectiva, el *hacer sentir* al otro, durante la relación sexual, cuánto le amamos. Y la parte espiritual hace visible lo invisible. Lo visible es la relación sexual. Lo invisible es que, con el cuerpo, te estoy diciendo que mi vida es tuya para siempre.

Esa es la sexualidad que genera felicidad. Porque la promiscuidad que necesita preservativo profundiza en el uso del otro. Y eso, siempre genera dolor.

Nuestro reto es contar esto a la siguiente generación. Para que disfruten de verdad. Para que sean felices. Para que puedan vivir la vida con un gran amor. Al estilo de C. S. Lewis cuando dice: «El amor es cuando un hombre mira a su mujer y se asombra de que tal maravilla exista. Y la ama de tal modo, que si llegara a perderla no le parecería tan terrible, pues prefiere eso mil veces que no haberla conocido nunca»[15].

---

[14] WOJTYLA, K. *Persona y acción*. Palabra, 2011. En *Solo quiero que me quieran*, MENÁRGUEZ, M., Rialp, 2021 p. 106.

[15] C. S. LEWIS, *Los cuatro amores*. Rialp, 2014, p. 28.

8.
«TODAS MIS AMIGAS TOMAN LA PÍLDORA»

En los años ochenta yo estaba en la Universidad Complutense de Madrid. Era el Madrid de la movida, del que se han escrito después ríos de tinta. Yo lo viví en primera persona. Algunos de mis amigos estaban metidos ya en el mundo de las drogas. Hoy están gravemente enfermos, o ya no están. La mayoría de mi entorno bebía bastante, especialmente cuando terminábamos una tanda de prácticas. Eso, en la Facultad de Farmacia era normal, ya que durante quince días habíamos tenido jornadas de diez horas diarias, seis de clase y cuatro de laboratorios. Y parecía que emborracharse el último día era como la traca final.

En cuarto de carrera teníamos una asignatura que se llamaba Química Farmacéutica, bastante interesante, la verdad; por lo menos, a mí me lo parecía.

Un día, entré en clase. Llegaba tarde, y busqué un lugar discreto al final del aula. La Facultad de Farmacia tiene algunas aulas enormes, y esta era una de ellas, así que era fácil pasar desapercibida. El profesor estaba explicando la molécula de los estrógenos sintéticos, y pasó a continuación a explicar la química de la píldora anticonceptiva. Me di cuenta de que estaba diciendo algo importante, y me alegré de haber llegado a tiempo.

Al terminar la mañana nos fuimos al bar, cosa también bastante habitual. Y no recuerdo más detalles.

Veinticinco años después de terminar la carrera, se reunió mi promoción para celebrarlo. Estábamos en aquella Facultad, y en la misma aula. Mis amigos me recordaron qué pasó aquel día. Ellos dicen (juro que no me acuerdo) que, tomando una cerveza, afirmé categóricamente que semejante medicamento no me lo tomaría nunca. Y fui tan rotunda que me dejaron por imposible.

Como no me acuerdo, no sé qué me impulsó a decir aquello. Lo que hoy sí sé, tantos años después, es que he cumplido esa promesa, que nunca he tomado la píldora ni ningún anticonceptivo hormonal, y que, a la vista de los descubrimientos recientes, me alegro enormemente de ello. Veréis por qué.

Experto en Educación Afectivo-Sexual UCAM

Hace ya seis años, mi universidad (UCAM)[1] me encargó un nuevo postgrado sobre Educación Afectivo-Sexual. Y nos pusimos a trabajar para diseñarlo. Una de las asignaturas de ese postgrado consistía en hacer una

---

[1] Diploma de Experto en Educación Afectivo-Sexual. Universidad Católica San Antonio de Murcia (UCAM.)

descripción de los efectos adversos de la medicación anticonceptiva hormonal. Como siempre hago cuando tengo un proyecto entre manos, reúno a mi equipo y juntos decidimos quién se va a ocupar de cada cosa. Esta asignatura terminó recayendo en un farmacólogo, cosa lógica porque así podía estudiar con más fundamento el tema. Mi colega y amigo, el Dr. Segarra, me pidió un tiempo para estudiar en profundidad y llegar a sus conclusiones.

Recuerdo perfectamente cuando, dos meses después me llamó por teléfono: «Estoy asombrado de esta investigación... ¿Cómo han podido engañar a las mujeres de esta manera?». Siendo farmacéutico, experto en farmacología, y familiarizado con este tipo de moléculas, no había caído en la cuenta de lo que realmente estaba pasando con los 150 millones de mujeres que toman esta medicación en el mundo.

Un par de años después, en otra reunión de trabajo, tres personas (mi amigo farmacólogo, nuestra antropóloga de cabecera, la Dra. Roqué, y yo) decidimos ponernos manos a la obra para publicar un trabajo que recogiera toda esta investigación. El resultado final fue un artículo en *Frontiers in Medicine*, en junio de 2023. Desde que se publicó, no ha parado de crecer en visualizaciones y descargas, y nos ha llevado a los autores a distintos sitios del mundo para contarlo[2].

---

[2] SEGARRA, I., MENÁRGUEZ, M., ROQUÉ, M.V. Women´s health, hormonal balance and personal autonomy. Frontiers in Medicine, 2023, 10:1167504. doi:3389/fmed2023. 1167504.

Estudios recientes[3] indican que uno de los primeros síntomas de que la salud de las mujeres no es buena es que tengan ciclos irregulares. Los ciclos irregulares no son porque sí, *son por algo*. Si no investigamos la causa y los tapamos, por ejemplo, con la píldora, podemos enmascarar una posible enfermedad que posteriormente puede dar la cara de forma más grave.

Ovular es un signo de salud porque implica una función endocrina y gonadal buena. Si los ciclos irregulares no son consecuencia de la pubertad-adolescencia, lactancia o premenopausia, pueden ser debidos a causas diversas, que deberían ser consideradas antes de prescribir una medicación que enmascare los síntomas y no nos ofrezca ninguna información sobre lo que está pasando. Al final del texto tenéis el Anexo 1, dónde podéis ampliar esta información.

Podemos decir que para las mujeres existen dos caminos. El primero las lleva a ovular con normalidad: es el camino de la salud. Este camino está hecho de:

— un estilo de vida saludable,
— corregir algunos déficits (insuficiente vitamina D, por ejemplo),
— evaluar las necesidades personales que tienen que ver con la nutrición, el ejercicio y la suplementación.
— contemplar la terapia psicológica, si fuera necesaria.

---

[3] Vigil, P.; Lyon, C.; Flores, B.; Rioseco, H.; y Serrano, F., "Ovulation, a sign of health", *The Linacre Quarterly* 84, núm. 4, noviembre 2017, pp. 343-355.

En el otro lado está todo aquello que nos hace difícil la ovulación y por lo tanto, nos roba salud. Nos referimos en este caso a factores genéticos, estrés, enfermedades endocrinas, enfermedades crónicas o autoinmunes, trastornos en el área de la alimentación, drogas, o tumores.

Los expertos en la materia[4] defienden que, ante una situación de irregularidad, si nos importa la salud de la mujer, debemos estudiar las causas originales para poner remedio y así restaurar la ovulación, y con ella, recuperar su salud. Esto requiere mucho tiempo y esfuerzo por parte de ginecólogos y endocrinos, pero es la única forma de devolverle a la mujer la salud que empieza a perder.

En los anexos incluyo un resumen de los fundamentos de la ovulación como signo de salud.

COMPRENDIENDO LA REGULACIÓN HORMONAL

El ciclo ovárico es un mecanismo perfectamente regulado para conseguir un embarazo saludable para la madre y el bebé. Lo que hace, es preparar el endometrio, la cara interna del útero, y construir una "cuna" en la que el embrión, recién fertilizado, pueda anidar durante el tiempo necesario para su maduración, y de esta forma, nacer en su momento con las mayores garantías de salud para él y para su madre.

---

[4] VIGIL, P.; LYON, C.; FLORES, B.; RIOSECO, H.; y SERRANO, F., "Ovulation, a sign of health", *The Linacre Quarterly* 84, núm. 4, noviembre 2017, pp. 343-355.

Para que esto sea posible, una serie de hormonas, de las que solo vamos a nombrar cuatro, se coordinan desde el eje hipotálamo-hipofisario, en la base del cerebro, hasta los ovarios, como un reloj perfectamente sincronizado.

Cuando explico esto en clase, lo comparo con un circuito de Fórmula 1. Las hormonas son coches de diferentes escuderías. El sistema circulatorio, la sangre, es el circuito por el que van los coches.

En la hipófisis (base del cerebro), al principio del ciclo, se secreta una hormona que se llama FSH, hormona folículo estimulante. Esta hormona, un coche buenísimo, pasa a la sangre, sale al circuito. Y se pone a circular. Hasta que encuentra su *box*, su plaza de aparcamiento hecha a su medida. Y esto, que se da en varios órganos del cuerpo, también se da en el ovario. De forma que ya tenemos una FSH "aparcada" en el ovario. Una vez allí, estimula ese ovario, haciendo que se activen otras hormonas *in situ*, que son los estrógenos. En ese momento, dentro del ovario, los óvulos, que están en unas bolsitas llamadas folículos, empiezan a crecer. Y al crecer, fabrican los estrógenos, que una vez preparados "salen" al circuito. Recorren el cuerpo, y encuentran su *parking* perfecto otra vez en la base del cerebro, de donde salió la FSH.

Desde allí, activan otra hormona que se llama la LH, que es la responsable de que se produzca la ovulación. Cuando esta sale a la sangre, circula, y encuentra su sitio en los ovarios otra vez, los estimula, y se produce la ovulación. Y durante un corto período de tiempo, horas en realidad, el embarazo es posible. Porque el óvulo vive fuera del folículo un tiempo entre 12 y 24 horas.

84

Después, aquella bolsita que albergaba el óvulo se convierte en una glándula que produce la última hormona importante de esta historia, que es la progesterona. Y esta, que sale de los ovarios, vuelve al circuito, y "aparca" en la base del cerebro con una misión fundamental: informar de que la ovulación ya se ha producido, y de que ella (la progesterona) se va a quedar allí dos semanas, hasta la siguiente menstruación. Y que en todo ese tiempo es imposible que se vuelva a dar otra ovulación. Y, por lo tanto, es imposible el embarazo.

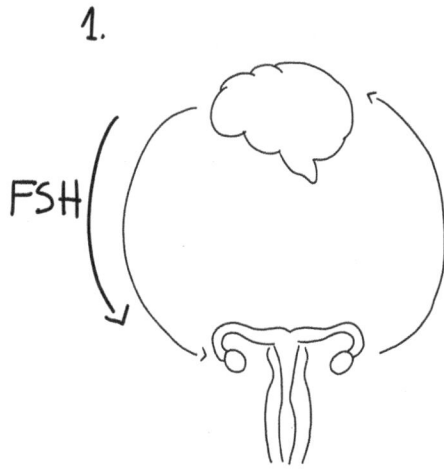

Ilustración 1. Al inicio del ciclo ovárico, la FSH se libera desde la base del cerebro y llega hasta los ovarios.

2.

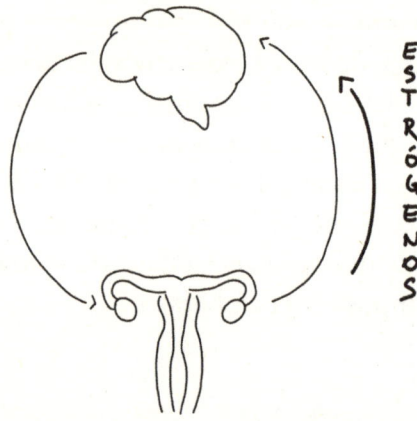

Ilustración 2. En la fase preovulatoria, se secretan los estrógenos desde los ovarios. Cuando llegan al cerebro activan la liberación de la LH.

3.

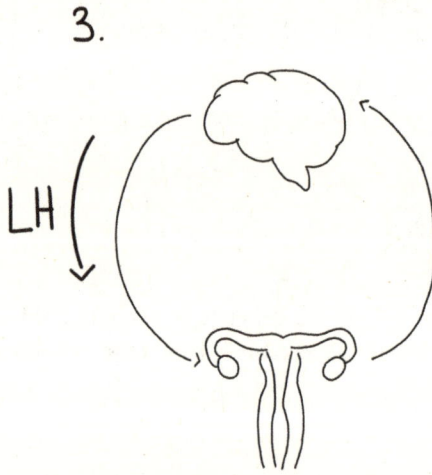

Ilustración 3. La liberación de la LH, activada por la llegada de los estrógenos a la base del cerebro, hace posible la ovulación.

4.

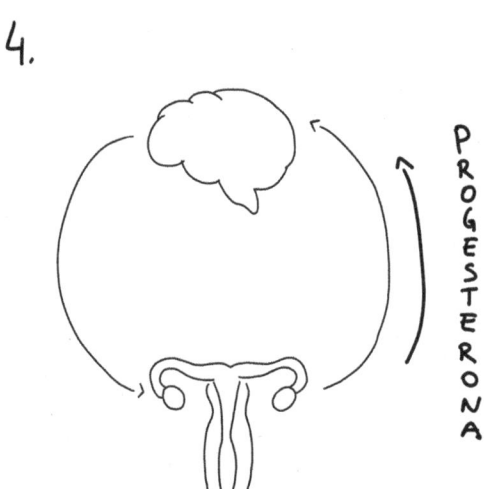

Ilustración 4. Después de la ovulación, la liberación de progesterona indica al cerebro que la ovulación ha ocurrido y no se debe volver a iniciar hasta el siguiente ciclo.

¿QUÉ HACE LA CONTRACEPCIÓN HORMONAL EN EL CUERPO DE LA MUJER?

Cuando una mujer toma contracepción hormonal, todo esto se interrumpe. Lo que tomamos de fuera simula, químicamente, la situación hormonal que tenemos durante las dos semanas que le decimos al cerebro que la ovulación ya se ha producido. Y, por lo tanto, "engañamos" al cerebro, que interrumpe todo el mecanismo, y la mujer deja de ovular. Y no hay fertilidad.

¿Es esto inocuo? ¿Le pasa algo al cuerpo de la mujer cuando se detiene todo este mecanismo? ¿Le sale realmente gratis?

Estamos en un mundo que evoluciona hacia lo natural, el deporte, el conocimiento del cuerpo y la buena alimentación. La mayoría de la gente que va al supermercado pierde un poco de tiempo leyendo las etiquetas de los alimentos, por si hay algún edulcorante o algún conservante poco saludable. En este contexto, defender que tomar hormonas durante quince o veinte años seguidos nos va a salir gratis roza casi el ridículo. Pero hasta hace no mucho tiempo era difícil poner negro sobre blanco en el tema de los efectos secundarios de la contracepción hormonal.

Una adolescente en el colegio

Esta es una historia, como hay miles en el mundo. Es la de una niña de catorce años que va al colegio, y que, hasta hace tres meses, estaba contenta. Se levantaba por la mañana, desayunaba con sus padres y hermanos, y pasaba el día con sus amigos. Por la tarde llegaba a casa, saludaba a sus padres, hacía los deberes y cenaba en familia.

Sin embargo, desde hace tres meses no se encuentra bien. No duerme mucho por las noches y está muy cansada. Con frecuencia, se sorprende a sí misma llena de tristeza. No tiene ganas de salir con sus amigos, y está muchos días con un enorme bajón. Además, como consecuencia de esto, le cuesta mucho estudiar, y su rendimiento académico está bajando.

¿Qué ha pasado?

Hace tres meses tuvo una conversación con su madre sobre sus ciclos, que lógicamente eran irregulares por su edad.

Decidieron acudir al médico. Este decidió recetarle la píldora anticonceptiva, prometiendo que sus ciclos serían regulares.

Después volveremos a esta historia.

EFECTOS SECUNDARIOS
DE LA CONTRACEPCIÓN HORMONAL

1. Envejecimiento del ovario y criptas del cuello uterino

Una de las cosas más sorprendentes en la fertilidad humana es el elevado número de mujeres que recurren hoy a las técnicas de reproducción asistida. Sin entrar a fondo en esta materia, que requeriría un estudio largo y profundo, y sin despreciar las causas relacionadas con factores difíciles de superar, como la genética o las infecciones masculinas, sí que hay algo importante relacionado con la contracepción hormonal que debemos saber.

Ya tenemos evidencia científica[5] de que la píldora envejece el ovario y las criptas del cuello del útero. En el caso del ovario, se ha estudiado que diferentes moléculas como la píldora combinada, el levonorgestrel, la progestina o el anillo vaginal, tomados durante años, bajan la reserva ovárica. Y la forma de medirlo ha sido con hormona antimuleriana, recuento de folículos antrales y volumen ovárico[6]. Lo que esto quiere decir es que a una mujer que ha tomado la píldora durante muchos años, le es mucho más difícil quedarse embarazada que a una que no la ha

[5] LANDERSOE S. K., FORMAN J. L., BIRCH PETERSEN K., LARSEN E. C., NØHR B., HVIDMAN H. W., et al. Ovarian reserve markers in women using various hormonal contraceptives. *Eur J Contracept Reprod Health Care.* (2020) 25:65–71. doi: 10.1080/13625187.2019.1702158

[6] BIRCH PETERSEN K., HVIDMAN H. W., FORMAN J. L., PINBORG A., LARSEN E. C., MACKLON K. T., et al. Ovarian reserve assessment in users of oral contraception seeking fertility advice on their reproductive lifespan. *Hum Reprod.* (2015) 30:2364–75. doi: 10.1093/humrep/dev197

tomado. Y, por lo tanto, se ve abocada a las técnicas de reproducción asistida, que es a lo que el sistema de salud y la publicidad de las clínicas privadas que se dedican a esto la empujan.

Una conclusión lógica sería pensar que, si vamos a retrasar la maternidad, al menos no tomemos la píldora, para no envejecer nuestros ovarios y no vernos empujadas a la reproducción asistida.

El segundo aspecto de este envejecimiento es el de las criptas del cuello uterino.

Durante muchos años, mi trabajo de investigación fue el estudio de los cambios que se producen en la secreción cervical, dentro del cuello uterino, en función del día del ciclo de la mujer. Estos cambios, que nosotros estudiamos con el microscopio electrónico de barrido[7], pueden ser apreciados por la mujer en sus genitales externos, siendo capaz de esta manera de identificar los días fértiles e infértiles de su ciclo. Y así, decidir, en cada momento, si quiere o no tener relaciones sexuales para conseguir un embarazo o aplazarlo[8].

Este conocimiento es una de las bases científicas de la Planificación Familiar Natural moderna, que hoy se puede aprender fácilmente tanto en el Método Billings, el Método Sintotérmico o el Chreigton.

---

[7] MENÁRGUEZ, M., PASTOR, L. M. y ODEBLAD, E. Morphological characterization of different human cervical mucus types using light and scanning electron microscopy. Human Reproduction. Vol. 18, No 9, pp. 1782-1789, 2003 (Cover front).

[8] RUTLLANT, M., y otros. *Manual Básico de Planificación Familiar Natural.* Asociación Española de Profesores de Planificación Familiar Natural. Ed. Esin, S.A. Barcelona, 2001, 2.ª ed., p. 11.

Dicho esto, los estudios del Prof. Odeblad[9], con el que tuve el privilegio de trabajar y publicar durante muchos años, demuestran que una mujer que ha tomado la píldora sufre un envejecimiento superior de sus criptas del cuello uterino, comparado con una mujer que no la ha tomado nunca. Y una mujer que ha tenido embarazos tiene un rejuvenecimiento de sus criptas superior a quien no ha tenido hijos[10].

La conclusión de este trabajo es que, por cada año de contracepción hormonal, el cuello uterino envejece dos. Y por cada embarazo, el cuello uterino rejuvenece tres.

La medida de ese envejecimiento es la disminución en el número de criptas cervicales productoras de moco cervical tipo S (*string*, "cuerda"), responsable de crear una autopista en los días fértiles para que los espermatozoides puedan nadar con facilidad desde la vagina hasta el útero y encontrarse así con el óvulo, haciendo posible el embarazo.

Una mujer que nunca ha tenido hijos y ha tomado la píldora, a los 40 años tiene una media de un 10 % de este tipo de criptas, esenciales para la fertilidad. Una mujer que nunca ha tomado la píldora y no ha tenido hijos tiene un 20 % de estas criptas, es decir, el doble de posibilidades de embarazo que la anterior. Y una mujer que nunca ha tomado la píldora y ha tenido 4 hijos tiene un

---

[9] ODEBLAD E., The discovery of different types of cervical mucus and billings ovulation method. *Bull Ovulation Method Res Ref Cent Aust.* (1994) 21:3–35.

[10] TEMPRANO, H. Atlas Fotográfico de los Tipos de Secreción cervical a microscopía óptica. 2021. pp. 79-80.

40 % de estas criptas a los 40 años, por lo que su cuello uterino es mucho más "joven"[11].

En conclusión, tanto el ovario como las criptas de cuello uterino envejecen con la píldora. Y ese envejecimiento nos complica mucho el embarazo.

Así que, parece lógico pensar que, si vamos a retrasar la maternidad, al menos no tomemos la píldora, para tener después una oportunidad natural de concebir.

En mi opinión, y esto está aún en estudio, es difícil que un factor externo envejezca un solo órgano y no los demás. De forma que en el futuro habrá que investigar si el envejecimiento se produce solo en el sistema reproductor, o afecta a toda la mujer. Sería contradictorio seguir dietas *antiaging* y tomar suplementación en ese sentido, y proporcionar al cuerpo diariamente un factor de envejecimiento permanente.

2. Problemas de salud mental

La correlación entre los problemas de salud mental y la píldora anticonceptiva son conocidos desde los años 70. Y se publicaron por primera vez en los años 80[12]. De hecho, están considerados la primera causa de abandono del tratamiento. Y la primera causa de no satisfacción con dicho tratamiento.

Si buscamos las razones biológicas, nos encontramos con que, en el cerebro, existen muchos receptores para

---

[11] *Ibídem.*

[12] Schaffir J, Worly BL, Gur TL. Combined hormonal contraception and its effects on mood: a critical review. *Eur J Contracept Reprod Health Care.* (2016) 21:347– 55. doi: 10.1080/13625187.2016.1217327

esas hormonas que tomamos. Aquí nos sirve otra vez el ejemplo de los coches de Fórmula 1. Una vez en el cuerpo, se reparten por el sistema circulatorio, y "aparcan" en todos aquellos sitios en los que encuentran un *box* adecuado. En el cerebro, en concreto, esto ocurre en la amígdala, el hipocampo, el núcleo accumbens y las regiones cortical y subcortical. Y como consecuencia, afecta a los cambios en la síntesis y transporte de neurotransmisores como la serotonina y el GABA[13]. Así mismo[14], produce modificaciones estructurales[15], por ejemplo, disminuyendo la materia gris cerebral[16] y el hipocampo[17].

Los estudios recientes demuestran un consumo mayor de psicotropos en mujeres que toman medicación anticonceptiva, si las comparamos con mujeres que no

---

[13] S. Toffoletto, R. Lanzenberger, M. Gingnell, I. Sundström-Poromaa, E. Comasco. Emotional and cognitive functional imaging of estrogen and progesterone effects in the female human brain: a systematic review. *Psychoneuroendocrinology.* (2014) 50:28–52. doi: 10.1016/j.psyneuen.2014.07.025

[14] B. Pletzer, K. Winkler-Crepaz, K. Hillerer. Progesterone and contraceptive progestin actions on the brain: a systematic review of animal studies and comparison to human neuroimaging studies. *Front Neuroendocrinol.* (2023) 69:101060. doi: 10.1016/j.yfrne.2023.101060

[15] B. Pletzer, T. Harris, E. Hidalgo-Lopez. Previous contraceptive treatment relates to grey matter volumes in the hippocampus and basal ganglia. *Sci Rep.* (2019) 9:11003. doi: 10.1038/s41598-019-47446-4

[16] P. Vigil, J. P. del Río, Carrera Bá, F. C. Aranguiz, H. Rioseco, M. E. Cortés. Influence of sex steroid hormones on the adolescent brain and behavior: an update. *Linacre Q.* (2016) 83:308–29. doi: 10.1080/00243639.2016.1211863

[17] P. Vigil, R. F. Orellana, M. E. Cortés, C. T. Molina, B. E. Switzer, H. Klaus. Endocrine modulation of the adolescent brain: a review. *J Pediatr Adolesc Gynecol.* (2011) 24:330–7. doi: 10.1016/j.jpag.2011.01.061

la toman, tanto antipsicóticos, ansiolíticos, hipnóticos y antidepresivos. Pero lo más interesante, y probablemente lo más preocupante, es que este indicador es mucho más alto en el caso de mujeres muy jóvenes o adolescentes. En este caso, el uso por primera vez de psicotropos es muy alto en el rango de edad de 13-19 años si lo comparamos con adolescentes que no han tomado la píldora nunca[18].

En cuanto a la depresión[19], diversos estudios ponen de manifiesto[20] que la prevalencia es muy alta al inicio de la toma de anticonceptivos hormonales, en todo tipo de mujeres, si bien es cierto que posteriormente se estabiliza[21], debido probablemente a la medicación que se les proporciona[22].

---

[18] E. Toffol, T. Partonen, O. Heikinheimo, A. But, A. Latvala, J. Haukka. Associations between use of psychotropic medications and use of hormonal contraception among girls and women aged 15-49 years in Finland: a nationwide, register-based, matched case-control study. *BMJ Open.* (2022) 12:e053837. doi: 10.1136/bmjopen-2021-053837

[19] V. G. Frokjaer. Pharmacological sex hormone manipulation as a risk model for depression. *J Neurosci Res.* (2020) 98:1283–92. doi: 10.1002/jnr.24632

[20] D. Mehta, M. Rex-Haffner, H. B. Søndergaard, A. Pinborg, E. B. Binder, V. G. Frokjaer. Evidence for oestrogen sensitivity in perinatal depression: pharmacological sex hormone manipulation study. *Br J Psychiatry.* (2019) 215:519–27. doi: 10.1192/bjp.2018.234

[21] S. Ditch, S. Hansen, T. Roberts. 63 Association of hormonal contraception initiation with subsequent depression diagnosis and antidepressant use in United States military health system beneficiaries: a Cohort Study...SAHM Annual Meeting, Psychological Wellbeing: International Transcultural Perspectives, March 6-9, 2019, Washington, DC, USA. *J Adolesc Health.* (2019) 64:S34. doi: 10.1016/j.jadohealth.2018.10.078

[22] S. Ditch, T. A. Roberts, S. Hansen. The influence of health care utilization on the association between hormonal contraception initiation and subsequent depression diagnosis and antidepressant use. *Contraception.* (2020) 101:237– 43. doi: 10.1016/j.contraception.2019.12.011

En cuanto al suicidio e intento de suicidio, encontramos resultados también interesantes. La prevalencia es de más del doble en adolescentes que toman la píldora, si la comparamos con quienes no la han tomado nunca. Y en mujeres adultas, la prevalencia también es alta, si bien hay compuestos hormonales peores que otros. En concreto los peores son aquellos que tienen levonorgestrel[23], noretisterona, los parches de norelgestromin y el anillo vaginal de etonogestrel[24].

Por lo tanto, lo que tenemos como resumen de esta parte, es una prevalencia más alta de ansiedad, depresión, suicidio e intento de suicidio en mujeres que toman anticoncepción hormonal, si las comparamos con aquellas que no la toman. Estos efectos son peores en mujeres que han tenido un trastorno emocional previo a la medicación hormonal.

Además, debido a que los anticonceptivos hormonales cruzan la barrera hematoencefálica, durante la adolescencia pueden producir cambios cerebrales, como la disminución de materia gris, que pueden ser permanentes en la vida adulta.

Por lo tanto, podemos afirmar, según la evidencia científica que tenemos en este momento, que el uso prematuro de anticoncepción hormonal en la adolescencia

---

[23] L. SMITH, S. E. JACKSON, D. VANCAMPFORT, L. JACOB, J. FIRTH, I. GRABOVAC, et al. Sexual behavior and suicide attempts among adolescents aged 12- 15 years from 38 countries: a global perspective. *Psychiatry Res.* (2020) 287:112564. doi: 10.1016/j.psychres.2019.112564

[24] C. W. SKOVLUND, L. S. MØRCH, L. V. KESSING, T. LANGE, Ø. LIDEGAARD. Association of hormonal contraception with suicide attempts and suicides. *Am J Psychiatry.* (2018) 175:336–42. doi: 10.1176/appi.ajp.2017.1706061

conlleva serios riesgos para la salud mental de las mujeres, incluyendo el impacto en la afectividad y las relaciones futuras de esas adolescentes[25]. Especialmente en mujeres en el rango de edad de 12 a 19 años.

---

[25] Lara LAS, Abdo CHN. Age at time of initial sexual intercourse and health of adolescent girls. *J Pediatr Adolesc Gynecol.* (2016) 29:417– 23. doi: 10.1016/j.jpag.2015.11.012

Si ahora volvemos a la historia de nuestra adolescente en el colegio, entendemos mucho mejor qué le pasa. Nadie le dijo que se encontraría mal, que estaría triste. Nadie le dijo que quizá necesitara antidepresivos, o ansiolíticos. O que no tendría ilusión por estudiar, trabajar, o levantarse de la cama. Nadie le preguntó tampoco si había sufrido antes algún trastorno emocional, si venía, por ejemplo, de una familia disfuncional que le hubiera generado una herida del ámbito afectivo. Lo único que le prometieron es que sus ciclos serían regulares, y que si tenía relaciones sexuales no se quedaría embarazada.

¿De verdad es esto lo mejor que los adultos sabemos hacer en este caso?

Tenemos la responsabilidad que se deriva de la ética y de la medicina pediátrica en este ámbito. Los futuros estudios tendrán que abordar esta perspectiva, ya que está implicada gravemente la salud mental de las futuras generaciones de mujeres en todo el mundo.

3. Disminución de la libido

Otro efecto interesante en el caso que nos ocupa es la disminución de la libido en las mujeres que toman la píldora. Y esto a cualquier edad. La causa es el aumento de la hormona SHBG (*Sex hormone binding globuline*) debido a la medicación. Esta hormona se une a la testosterona libre[26], responsable del deseo sexual, disminuyendo su

---

[26] ZIMMERMAN Y., EIJKEMANS M.J.C., COELINGH BENNINK H.J.T., BLANKENSTEIN M.A., FAUSER B.C.J.M. The effect of combined oral contraception on testosterone levels in healthy women: a systematic

nivel en sangre[27]. Y, por lo tanto, disminuyendo también el deseo sexual en las mujeres que toman anticonceptivos hormonales[28].

4. Problemas cardiovasculares

El riesgo cardiovascular en mujeres usuarias de anticoncepción hormonal es conocido y ha sido ampliamente descrito en la literatura científica por diversos autores.

Los estudios recientes[29] lo confirman, mostrando una mayor prevalencia de trombosis, infartos cerebrales, infartos de corazón, hipertensión y tromboembolismo. Como también se sabía, estos riesgos son más altos en mujeres con sobrepeso y en fumadoras. En mujeres postmenopaúsicas se ha encontrado asociación entre las que padecen hipertensión y aquellas que habían tomado la píldora en el pasado.

review and meta-analysis. Hum Reprod Update. (2014) 20:76–105. doi: 10.1093/humupd/dmt038

[27] CASEY P.M., MacLAUGHLIN K.L., FAUBION S.S. Impact of contraception on female sexual function. J Womens Health. (2017) 26:207–13. doi: 10.1089/jwh.2015.5703

[28] BUTT M.R., LEMA V., MUKAINDO A., MOHAMOUD G., SHABANI J. Prevalence of and factors associated with female sexual dysfunction among women using hormonal and non-hormonal contraception at the AGA Khan University Hospital Nairobi. Afr J Prim Health Care Fam Med. (2019) 11:e1–9. doi: 10.4102/phcfm.v11i1.1955

[29] LEE J., et al. Association between past oral contraceptive use and the prevalence of hypertension in postmenopausal women: the 5th (2010-12) Korea National Health Nutrition Examination Survey (KNHANES V). BMC Public Health. 2022;22(1):27

5. Cáncer

En cuanto al cáncer, se sabe que los contraceptivos hormonales empeoran todos los tumores sensibles a hormonas[30]. Por lo tanto, hay mayor prevalencia entre las usuarias de esta medicación de tipos de cáncer como mama, páncreas, sistema nervioso central y tiroides.

También el cáncer de endometrio es más probable en mujeres con un dispositivo intrauterino que contenga levonorgestrel.

Los estudios han demostrado una controversia sobre si el tratamiento con anticoncepción hormonal (AH) mejora o impide el cáncer de útero. Sin embargo, ninguno de estos estudios concluye que sería bueno dar a las mujeres AH para prevenirlo.

De lo que sí tenemos evidencia científica es de que las mujeres que han tenido hijos tienen una prevalencia de este tipo de cáncer menor que las que no los han tenido.

En mujeres obesas o con sobrepeso, la eficacia de la AH es menor, y por eso están excluidas de los estudios.

La razón por la que, una mujer que deja esta medicación sigue durante meses con problemas de ovulación es porque se fija al tejido adiposo, y lo va eliminando a lo largo de los meses posteriores. Por ese motivo, la recuperación de sus ciclos naturales no es inmediata.

---

[30] Mørch LS et al. Contemporary Hormonal Contraception and the Risk of Breast Cancer. Obstet Gynecol Surv. 2018;73(4):215-7.

— En el caso del tratamiento con AH, existe una falta de transparencia en la información al paciente. Una mujer no puede tomar una decisión libre si no tiene toda la información. Cuando esa mujer descubre que no le han contado la verdad, la confianza en su médico se rompe para siempre.

— Muchas mujeres se han quejado de que no se ha tenido en cuenta su autonomía a la hora de tomar sus propias decisiones. Se las ha privado, sin decírselo, de la posibilidad de tener una sexualidad sana y satisfactoria para ellas.

— Es una tarea urgente proteger la salud de la mujer, tanto física como mental, ya que está en riesgo. Especialmente en mujeres adolescentes.

— Todo el mundo quiere una sexualidad satisfactoria, que genere felicidad en vez de dolor. Pero para eso, hay que contemplar todos sus aspectos, los físicos, los emocionales y los espirituales. Porque la persona, lo que somos, incluye las tres cosas.

9.
EDUCAR HIJOS LIBRES

«El hombre es libre cuando mora en la propia casa».

JUTTA BURGGRAF

DURANTE MUCHOS AÑOS, en mi familia tuvimos la suerte de contar con un magnífico asesor pedagógico, que nos ayudó muchísimo en la educación de nuestros hijos. Aún hoy ayuda a los míos a educar a los suyos, por lo que le estoy enormemente agradecida.

Un día uno de mis hijos había hecho una barrabasada. Mi reacción inicial fue darle con la zapatilla, pero entonces, tuve un momento de lucidez, y le llamé.

—No te preocupes Micaela —dijo—, tú ponlo justo delante de ti, mírale a los ojos, y pregúntale con voz tranquila si él cree que lo que ha hecho está bien. Como te dirá que no, pregúntale qué castigo cree que se merece, y a ver qué te dice. Y luego me cuentas.

Hice con mi hijo exactamente lo que Tomás sugería. Y cuando le pregunté qué castigo merecía, contestó:

—Irme a mi habitación, sentarme en la cama, y quedarme allí hasta que sea viejo.

Ante mi sorpresa, por esa respuesta, él aprovechó para explicarme qué significa crear conciencia en alguien de algo mal hecho, y cómo eso es importante si queremos educar personas libres[1].

La tarea más importante como padres es enseñar a nuestros hijos a usar su propia libertad.

La libertad es esa cualidad humana por la cual podemos elegir nuestro destino. Bien es verdad que, para decidir de forma libre, tenemos que saber cómo. Y disponer de las herramientas necesarias.

En la tarea de educar *hijos libres*, hay varias fases:

— La primera es hacerles reflexivos.
— La segunda, crear conciencia en ellos de lo que está bien y lo que está mal.
— Luego, entender cómo funciona la motivación intrínseca.
— Educar la fortaleza, en su doble aspecto de acometer y resistir.
— Enseñarles que elegir es renunciar.
— Y, por último, ilusionarles con hacer cosas grandes, cambiar el mundo, hacer de su entorno un sitio más amable para los demás, vivir la vida con un gran amor.

Vamos a empezar por el principio.

---

[1] Tomás Prieto del Estal. Comunicación personal.

1. HACERLES REFLEXIVOS

Imaginaos que vuestro hijo de 6 años llega un día a casa del colegio, y cuando está merendando os dice: «Papá, Jacobo es tonto».

Obviamente, Jacobo es un niño de su clase. Ante eso, podemos hacer varias cosas. Una, contestar: «No digas tonterías y acábate la merienda». A veces nos pilla cansados y nos sale así. Pero no es lo ideal. La siguiente es darle la razón: «¡Pues claro que es tonto, el listo eres tú!». Y la última, la que tuve la suerte de que me enseñaran, preguntarle: «Y eso, ¿por qué lo dices?».

Sabemos que los niños, a una determinada edad, preguntan todos los porqués. Y nosotros debemos estar preparados. Si nos pilla muy cansados, o nos quedamos bloqueados, siempre podemos decir que lo pensaremos y luego se lo diremos. Y hacerlo.

Pero también es muy importante hacerles a ellos la misma pregunta. Sobre todo, cuando hacen una afirmación relacionada con personas o cosas que les han pasado. Poco a poco vamos haciéndoles pensar. Poco a poco serán cada vez más reflexivos. Y esta, es una cualidad imprescindible para ser libres. «No es lo mismo actuar por costumbre que libremente... tanto en el caso de la costumbre como en el del hombre caprichoso, no podemos hablar de decisión libre. El sujeto, en ese caso, se deja arrastrar por sus gustos o circunstancias sin ningún tipo de *reflexión* de hacer o no hacer, de elegir esto o aquello»[2].

---

[2] GORDILLO, Lourdes y HURTADO, Ángel Luis, *Aprendiendo a ser libres*. Ediciones Tantín, 2021, p. 138.

«Hay que tener en cuenta que la *reflexión* es necesaria para considerar la conveniencia de un acto libre»[3].

2. Crear en ellos conciencia del bien y del mal

«La libertad interior es un gran bien, que puede lograrse solo mediante el aprendizaje de la virtud, concretamente la firme voluntad de hacer lo que es bueno»[4].

Ante una barrabasada, los padres tenemos varias reacciones. Una muy frecuente es gritar, enfadarnos, o castigar al culpable. Lo mismo ante un informe catastrófico de malas notas.

Lo que yo aprendí en los años en que me tocaba educar a mis hijos es que es mucho mejor crear en ellos la conciencia de que algo está bien o mal. Os pongo algunos ejemplos. El del inicio del capítulo, nos sirve. Si nosotros decidimos el castigo, o incluso que se ha de castigar, es posible que el niño lo perciba como injusto. Sin embargo, si son ellos los que analizan la situación y deciden la solución, desde el punto de vista educativo es mucho más eficaz. Por ejemplo, imaginaros una cosecha de calabazas en un informe de notas trimestral. La conversación sería la siguiente:

— ¿Has visto las notas?

— Sí.

— Y ¿qué te parecen?

---

[3] *Ibídem*, p. 138.

[4] Kuby, G. *La revolución sexual global. La destrucción de la libertad en nombre de la libertad.* Ed. Didaskalos 2017, p. 472.

— Pues mal, qué me van a parecer...

— Y ¿estás contento con estas notas?

— Pues no, claro que no.

— Porque, en realidad, a ti ¿qué notas te gustaría sacar?

— Pues Notables.

— Vale, nosotros pensamos que puedes hacerlo, ¿y tú?

— Yo también.

— Bien, pero para eso habrá que hacer un plan para sacar esos Notables, ¿no?

Con una conversación razonable, se trata de que ellos sean los que decidan cómo resolverlo, cuántas horas de estudio dedicar al día, a qué hora empezar y a qué hora acabar. Y si necesitan ayuda en ese momento para que se lo recordemos, o un espacio más aislado, o una mesa con más luz…

Es posible que no lo consigamos todo en un trimestre, pero indudablemente iremos mejorando. Porque la clave es que la decisión la toman ellos, no el adulto. Una decisión libre.

3. La motivación intrínseca

Sobre la motivación se han escrito ríos de tinta. De hecho, los conferenciantes con más éxito en este momento, los que se rifan las empresas, son los que hablan de motivación: motivación para trabajar, para estudiar, para hacer las cosas bien, para ilusionarse, para levantarse por la mañana… En resumen, motivación para vivir. Y es verdad que algunos lo hacen muy bien, y cuando asistes a sus sesiones sales de la sala con ganas de mejorar. Pero a mí me ha parecido siempre que no daban con la tecla cuando aplicaban esas técnicas a la educación.

Lo que yo aprendí es que podemos educar tres tipos de niños, que derivarán en otros tantos tipos de adultos. Y que eso, depende de nosotros.

1. El niño que actúa bien, por miedo al castigo, que es la disposición de los esclavos[5].
2. El niño que actúa bien, por deseo de premio, que es la disposición de los mercenarios.
3. El niño que actúa bien por amor, que es la disposición de los hijos, y de las personas libres[6].

El 1 y el 2 pertenecen a lo que llamamos motivación extrínseca, porque viene de fuera. Si nos van a castigar porque hacemos algo malo, ese castigo es exterior, y nos movemos por miedo al castigo. Si nos van a dar un premio por hacer las cosas bien, eso también es exterior. Lo que significa que no depende de mí, depende de otro.

En educación, la motivación extrínseca se acaba en un momento dado, en general al llegar la adolescencia. Y si no tenemos nada más, es difícil motivar para hacer las cosas bien. En el caso de que esa motivación siga funcionando conlleva riesgos: en el 1) puede convertir a los niños en personas sin autoestima ni ilusiones. Y en el 2) puede convertirlos en personas materialistas, que siempre

---

[5] BURGGRAF, J. *Libertad vivida con la fuerza de la fe*, Rialp, 2006, p. 133.

[6] *Ibidem*, p. 134.

tienen que obtener un beneficio por hacer lo que deben y hacerlo bien.

Entonces, ¿cómo motivamos para el 3)? ¿Cómo conseguimos que un hijo, un alumno, haga lo que debe, y lo haga bien, porque quiere hacerlo?

El ser humano se siente bien cuando hace las cosas bien. En otras palabras, «se siente bien por dentro». Y ocurre lo contrario cuando hace las cosas mal: «se siente mal por dentro».

Si nosotros hemos hecho un niño reflexivo, podemos hacerle pensar sobre cómo se siente en un momento determinado, especialmente cuando hace algo bien.

Imaginaos que llega a casa con una nota muy buena. O que pasa la tarde con un amigo ingresado en un hospital. O que visita a sus abuelos un domingo y les acompaña varias horas.

Nuestra reacción debería ser: «Y hoy, ¿cómo te sientes?». Seguro que está satisfecho. Será entonces el momento de reforzar esa conducta. Y ese "sentirse bien" es el oro de la motivación, porque es la motivación intrínseca, la que viene desde dentro, la que nadie más que nosotros nos puede dar, y por lo tanto nadie nos puede quitar. Es la de las personas que aman y son libres. «Los seres humanos nos movemos esencialmente por motivaciones intrínsecas, que son ideas firmes y relativamente claras que impulsan nuestras acciones y nos definen»[7].

Y ese "sentirse bien" les servirá de estímulo para repetir esas buenas acciones en el futuro.

---

[7] POLAINO, A., y SÁNCHEZ-LEÓN, A. *Todos somos frágiles, También los psiquiatras.* Ed. Encuentro, 2024, p. 47.

4. Educar la fortaleza

El hombre libre se conduce a sí mismo. Y «toda educación es un aprendizaje para la espera». «Porque esperar tiene que ver con renunciar a aquello que es bueno para obtener más tarde un bien mayor»[8].

Para ser libres, hay una herramienta que necesitamos, que es la voluntad[9]. Es la que consigue que vayamos a donde queremos ir, en vez de a donde nos apetece. Y es imprescindible, ya que todos somos frágiles e imperfectos.

«Asumir la personal fragilidad significa acoger los límites de la razón y de los sentimientos»[10].

Una voluntad bien entrenada nos ayudará a equivocarnos menos

Y para entrenarla, necesitamos una virtud, que se llama fortaleza. Esta tiene dos versiones, acometer y resistir, y necesitamos ambas.

Acometer es la capacidad para emprender acciones. Aprovecho para decir que nadie emprende aquello en lo que no cree, y que para creer que podemos, necesitamos autoestima.

Resistir es la capacidad para encajar, con elegancia y buen humor, las contrariedades grandes o pequeñas de la vida.

---

[8] RUTLLANT, M. *Manual Básico de Planificación Familiar Natural.* Asociación Española de Profesores de Planificación Familiar Natural. Ed. Esin. S.A. Barcelona, 2001, 2.ª ed., p. 17.

[9] COROMINAS, F. *Cómo educar la voluntad.* Ed. Palabra, 2001, p. 15.

[10] POLAINO, A., y SÁNCHEZ-LEÓN, A., *Todos somos frágiles, También los psiquiatras.* Ed. Encuentro, 2024, p. 103.

Si queremos educar en acometer y resistir podemos hacer un ejercicio con los niños (en este caso, niños de primaria).

El ejercicio consiste en que ellos hagan una lista de cosas que les cuestan, las ordenen de menor a mayor, según el esfuerzo. Y que ellos se pongan como objetivo conseguirlas en ese orden. Os pongo unos ejemplos[11]:

Ejemplos de acometer

1. Empezar los deberes a mi hora
2. Recoger los juguetes
3. Dejar mi ropa en su sitio
4. Hacer mi cama
5. Levantarme rápido por la mañana

Ejemplos de resistir:

1. Cuando mis compañeros rechazan mi ayuda
2. Que me dicen que soy un inútil
3. Cuando mi abuelo se fue al cielo
4. Cuando estoy cansado y tengo que hacer deberes
5. Cuando hay que limpiar el comedor del cole[12].

---

[11] Por razones de extensión, en este libro no podemos entrar en profundidad en muchos temas relacionados con la educación, que requerirían mucha más información. Recomendamos el Máster Oficial en Matrimonio y Familia de la UCAM, en el que los expertos en Educación Familiar continúan la escuela pedagógica de Tomás Prieto del Estal, y en el que los alumnos forman su propia escuela de Familias.

[12] Máster Oficial en Matrimonio y Familia UCAM.

5. Elegir es renunciar

Uno de los carteles que estuvo puesto en la nevera de mi casa de forma recurrente durante la infancia de mis hijos rezaba: ELEGIR ES RENUNCIAR.

Ellos se acuerdan bien. Porque a veces la elección era fácil, entre una cosa buena y otra mala. Se complicaba cuando se trataba de elegir entre dos cosas indiferentes, por ejemplo, si comían un helado de fresa o de chocolate.

Y se complicaba mucho más cuando eran dos cosas buenas: por ejemplo, hacer los deberes o visitar a un amigo en el hospital.

El entrenamiento para la renuncia es esencial para enseñarles a vivir la vida con un gran amor. Y es esencial que la elección sea de ellos, sea libre. Es un entrenamiento para la espera. Es una manera de saber qué es lo primero. De evitar personalidades caprichosas, que nunca están contentos con nada. De entender, que no se puede tener todo a la vez, y que no pasa nada por perdernos cosas. Elegir una cosa y renunciar a las demás les ayuda en el camino hacia la madurez.

En el futuro elegirán un esposo o una esposa, elegirán a una persona y renunciarán a las demás. Y serán capaces de ser felices con un compromiso que les llevará a vivir su vida con un gran amor.

6. Cambiar el mundo

Para educar hijos libres, nos da mucha luz una frase que Alejandro Villena dice a los adolescentes en sus charlas sobre la pornografía: «Yo no vengo a deciros lo que está bien o lo que está mal, lo que tenéis que hacer o lo que no. Yo vengo a daros conocimiento para que aprendáis a pensar, porque así seréis más libres y podréis tomar vuestras propias decisiones»[13]. Y continúa: «Si educamos con libertad y responsabilidad a los jóvenes evitaremos tener que salvar a muchos adultos»[14].

El broche de oro es ilusionarles con esa realidad: sus elecciones no solo les hacen bien a ellos, sino también a los demás.

«Todos estamos llamados al amor»[15].

«A un amor sin condiciones y sin límites»[16].

Las personas libres tienen la fuerza del amor.

Y el amor cambia el mundo.

---

[13] Villena, A. *¿Por qué no?, cómo prevenir y ayudar en la adicción a la pornografía*. Alienta, 2023, p. 30.

[14] Ibidem, p. 30.

[15] García-Morato, J. R.. *Creados por amor, elegidos para amar*. EUNSA, 2015, p. 39.

[16] Ramírez, D. *Un amor sin límites. Los pilares de una sana autoestima, un buen autoconcepto y la estabilidad emocional*. 2024, p. 237.

10.
«SOLO QUIERO QUE TE QUIERAN»

Es lo que todos los padres queremos. Al final, si uno asume que los hijos se irán, quieres que se vayan felices. Y para ello, tienen que encontrar un gran amor. Ya hemos dicho que un gran amor no solo es un esposo o una esposa. Hay personas que encuentran una forma especial de darse a los demás, que no es el matrimonio. Y también viven la vida con un gran amor. Eso es lo que importa, porque eso es lo que les hace felices.

Los padres no criamos y educamos a nuestros hijos para nosotros. Los educamos para los demás. Para que luego encuentren en el mundo su sitio, sean útiles, sean felices, y contribuyan a hacer de este mundo un sitio mejor.

Pero tenemos que darles las herramientas.

La sexualidad mal encajada es altamente incapacitante para vivir la vida con un gran amor. Cuando miramos al mundo y a los demás con mirada de uso, estamos cortando las alas de nuestra futura felicidad.

Entender el cuerpo, su belleza y su función, entender que nosotros somos también ese cuerpo que hay que cuidar, es importante. Tratar a todos con respeto y dignidad, también.

En ese camino, las adicciones son lo peor. Porque van primero, antes que los demás y mucho antes que el amor, que siempre es renunciar a algo en favor del otro.

Encajar la sexualidad desde un punto de vista antropológico es también fundamental. Significa asumir que tiene una parte física, otra psicoafectiva y otra espiritual. Y da igual que uno sea célibe, soltero, o viuda. O religioso. La sexualidad bien encajada es para todos, para los que tienen relaciones sexuales y para los que no las tienen. Porque no va solo del cuerpo. Sobre todo, va del corazón, de la mirada, de la admiración. Del respeto.

De ver en los demás todo lo que hay de bueno, de bello y de verdadero. Y de llenarse de asombro, un asombro agradecido.

Eso lo podemos hacer con los niños desde que son pequeños.

Enseñarles a mirar bien, y a admirar lo bueno, lo bello y lo verdadero que hay en los demás y en el mundo. Hacer que se fijen en el bien, y no en el mal. Enseñarles a admirar el talento de los compañeros del colegio y de los amigos, en vez de poner el foco en sus defectos.

Explicarles que el cuerpo masculino o femenino, además de su belleza, está lleno de dignidad y nobleza, de sentido de entrega al otro, porque somos para los demás (el amor es esto, en definitiva).

Hablarles del eros, definido por Platón como fuerza interior que arrastra al hombre hacia todo lo que es bueno, verdadero y bello[1].

Platón tenía razón en eso. Es el anhelo infinito que todos llevamos en el corazón[2]. «Es el deseo de un amor incondicional y de una felicidad que dure para siempre. Desear al otro es bueno para mí porque me complementa. Pero cuando el deseo se desboca, me destroza y destroza a los demás. Entonces, ¿qué hago? ¿Mato mi deseo y muero de hambre, o destrozo a los demás?»[3].

Hablarles de cómo ese eros, que es bueno, se tiene que ordenar, para que no nos haga daño: «Necesitamos domesticar el eros con la trascendencia, es decir, con la capacidad para pensar en el bien de los demás, y desearlo por encima de nuestros propios deseos. Con trascendencia, ese deseo salvaje por el otro, ese eros, se convierte en amor, en felicidad y en plenitud. Se convierte en familia y en amor incondicional»[4].

Y contarles qué quería decir el zorro cuando le dice al Principito: «Lo esencial es invisible a los ojos; solo se ve bien con el corazón»[5].

[1] WOJTYLA, K. *La redención del corazón*. Palabra. 1996, p. 161.

[2] MENÁRGUEZ, M. *Solo quiero que me quieran*. Rialp, 2021, p. 112.

[3] Ibíd., p. 112.

[4] Ibíd., p. 112.

[5] SAINT-EXUPÉRY, A. *El Principito*. Salamandra, 2001. Diálogo entre el zorro y el principito.

11.
SUBIENDO A LA MONTAÑA EQUIVOCADA

ÉRASE UNA VEZ UN JOVEN fuerte y vigoroso, que quería subir a una montaña muy alta para tener una gran perspectiva. Se hizo con todas las herramientas que consideraba necesarias para la escalada, y comenzó el ascenso. Le costó mucho esfuerzo. Con el tiempo, le salieron canas y arrugas, y cada vez estaba más cansado. Pero la ilusión de llegar arriba podía más y siguió subiendo.

Al final, llegó. Estaba solo, en una cumbre desierta. El paisaje era particularmente árido. Ni mar, ni bosque, ni nada especialmente bonito. La montaña era muy alta, eso sí. Le había costado mucho subir. De hecho, le había llevado toda una vida hacerlo, y ahora era viejo.

Y entonces, se sentó y empezó a recordar sus sueños de juventud. Él quería escalar, y estaba dispuesto a hacer cualquier esfuerzo. Pero al final quería llegar a un sitio bonito y fresco, con gente agradable. Quería tener una vista hermosa, y sentarse en una cumbre llena de árboles

117

altos y frondosos. No importaba cualquier esfuerzo si finalmente lo conseguía.

Y se puso a pensar, con nostalgia, en qué momento se equivocó de montaña; cómo pudo estar tan ciego que nunca miró qué estaba subiendo.

Si en vez de ver solo las piedras que tenía delante, hubiera mirado alguna vez al cielo, o simplemente a su alrededor, podía haber cambiado de rumbo, y ahora estaría mucho mejor. Tampoco miró nunca el mapa ni la brújula. Y así le fue.

Esta pequeña historia nos sirve para entender lo que le pasa a mucha gente que no ha vivido la vida con un gran amor. Han trabajado y se han esforzado mucho. Han sufrido muchas peripecias. Pero al final, piensan que seguramente todo ese esfuerzo no ha valido la pena. Que no están donde ellos querían. Que ya no les da tiempo, y que ojalá se hubieran cambiado de montaña, aunque hubieran tenido que bajar y volver a subir otra vez.

La brújula es querer el Bien de los demás por encima del nuestro. Ese es el norte. Y es lo que nos centra la escalada.

El mapa es la naturaleza del hombre, tal y como es. Y entender que está hecho para amar de forma incondicional. Con las dos herramientas, subimos la montaña acertada. Y con esfuerzo, no digo que no, llegamos a una cima increíble.

Por eso hay que vivir la vida con un gran amor. Porque lo que todos queremos al final es una familia unida, un compañero o compañera de vida que esté ahí, a tu lado. Sentir esa alegría enorme de tener cerca a los amigos de siempre, los de confianza, los que nos van a apoyar incondicionalmente y nos dicen que somos los mejores.

Y la perspectiva. El horizonte despejado, la satisfacción del trabajo bien hecho. La vida lograda. El sentido de la misión. El afecto de los que te quieren y te lo demuestran. Los padres, los hijos, los hermanos, los amigos. Los primos. Los nietos. Los abuelos. Las personas a las que hacemos mucho bien con una sonrisa.

Vivir la vida con un gran amor no es baladí. Es imprescindible para la felicidad. La buena noticia es que podemos hacerlo. Y podemos ayudar a las generaciones venideras a conseguirlo. Esas generaciones que van a cambiar el mundo. Esas que son las dueñas del futuro; un futuro que les pertenece y que no vamos a permitir que nadie les robe.

ANEXO I:
LA OVULACIÓN ES UN SIGNO
DE SALUD

EL OVARIO CONTINUO

La ovulación es un indicador de salud de la mujer. Al comienzo de la vida reproductiva, la mujer tiene 500 000 folículos, de los cuales salen unos 500 a lo largo de la misma. Para entender bien este proceso tenemos que contestar a una pregunta importante: ¿qué es el ovario continuo?

El ovario continuo es un proceso que ocurre durante la vida de la mujer, que comienza en su propia concepción[1]. Intrauterinamente se forman 7 millones de folículos primordiales, de los cuales, en el momento del nacimiento quedan entre 1 y 2 millones. Los demás desaparecen por apoptosis.

---

[1] MENÁRGUEZ, M. *Solo quiero que me quieran*. Rialp, 2021, p. 65.

Fundamentos de la ovulación
como signo de salud

1. El hecho fundamental es que las mujeres son capaces de reconocer su ovulación, debido al conocimiento de la fertilidad que proporcionan los modernos métodos de Planificación Familiar Natural, como el método Billings, el método Sintotérmico o el Chreigton.
2. Este reconocimiento les permite evaluar su propia salud, en función de que reconozcan ovulaciones regulares y ciclos regulares.
3. Si la ovulación es reconocida por la mujer, significa que su función gonadal y endocrina es correcta.
   ¿Cuándo una mujer sana no necesita ver su ovulación? En momentos de transición como la pubertad, y la perimenopausia, y en momentos como el embarazo y la lactancia.

¿Cuándo podemos intuir que una mujer tiene un problema de salud?

1. Cuando percibe anormalidades en su ovulación.
2. Cuando tiene amenorrea.
3. Cuando tiene 3 ciclos irregulares en un año, o dos ciclos irregulares consecutivos. Se aconseja hacer un perfil hormonal.
   Lo importante no es una menstruación regular sino una ovulación regular.

¿Cuáles son las causas más frecuentes de irregularidades en el ciclo?

1. Estilo de vida desordenado.
2. Estrés
3. Trastornos de la conducta alimentaria
4. Problemas endocrinos y problemas ginecológicos.

Según no pocos expertos[2], los desórdenes hormonales que causan más ciclos irregulares son los siguientes:

1. A nivel del hipotálamo:

   La función hipotalámica está afectada por el ejercicio excesivo, la mala alimentación, el stress, enfermedades psiquiátricas como la anorexia, déficits nutricionales y aumento de cortisol.
   Esto causa ciclos hipoestrogénicos, anovulación y amenorrea.

2. Hiperprolactinemia:

   La causa de este desorden en algunos casos es un tumor en la pituitaria, estrés, o un fármaco antidepresivo. El aumento en los niveles de prolactina causa la subida de andrógenos y la bajada de estrógenos. Las irregularidades como consecuencia de esto son: fases lúteas cortas, disminución de la libido, dispareunia, alergias e infecciones varias.

---

[2] VIGIL, P.; LYYON, C.; FLORES, B.; RIOSECO, H.; y SERRANO, F. *Ovulation, a sing of health. The Linacre Quartely* 84, n.º 4, noviembre 2017, pp. 343-355.

Además, la prolactina está alta en enfermedades autoinmunes como lupus, artritis reumatoide y esclerosis múltiple.

3. Hormona tiroidea:

Sus alteraciones causan hipomenorrea, hipermenorrea, menorragia, polimenorrea, oligomenorrea, amenorrea. Los problemas de tiroides están asociados a la disfunción ovárica.

4. Síndrome de ovario poliquístico:

Hiperplasia adrenal congénita, fallo ovárico prematuro, insuficiencia de vit D y bajada de estrógenos[3].

---

[3] El síndrome de ovario poliquístico está ampliamente descrito en M. MENÁRGUEZ, *Solo quiero que me quieran*. Rialp, 2021, pp. 67-69.

ANEXO II:
PRINCIPALES INFECCIONES
DE TRANSMISIÓN SEXUAL[1]

Sífilis

Causada por una bacteria anaeróbica llamada *Treponema pallidium.*

Se puede transmitir por vía sexual o placentaria.

El período de incubación es de 3 semanas.

El primer signo clínico es una úlcera indolora en el pene (varón) e inflamación de los ganglios inguinales.

La mujer puede tener la úlcera en el cuello uterino y pasar desapercibida.

Erupciones cutáneas.

En las fases avanzadas, puede producir hepatitis, problemas neurológicos y demencia.

Se puede transmitir al feto.

---

[1] Menárguez, M. *Solo quiero que me quieran.* Rialp, 2021. p. 56.

Antes era mortal, hoy se trata con antibióticos, si bien el diagnóstico precoz es importante. El preservativo puede reducir el contagio solo si cubre las lesiones.

A finales de los años 60 del siglo xx se consideraba erradicada, si bien ha vuelto con fuerza en el s. xxi.

GONORREA

Infección por *Neisseria gonorrhoeae* de la mucosa genital, oro faríngea o rectal.

Varón: uretritis con secreción purulenta y molestias al orinar. El 10 % de los casos son asintomáticos.

Mujer: 80 % de los casos son asintomáticos y el 20 % presentan inflamación del cuello uterino. Pueden cursar con cistitis, cervicitis, enfermedad inflamatoria pélvica, abscesos tubáricos, infertilidad y dolor pélvico crónico.

Las madres infectadas sin tratamiento pueden producir ceguera en sus hijos durante el parto.

Puede originar conjuntivitis ocular por contagio con las manos.

Si la infección pasa al torrente sanguíneo: artritis, meningitis, inflamación del corazón o muerte.

Responde a los antibióticos.

HERPES GENITAL

Virus del herpes simple (VHS-1, VHS-2).

El 21,9 % de los norteamericanos mayores de 12 años dan positivo en los análisis de anticuerpos de esta enfermedad.

Muchas veces es asintomática.

Mujer: cistitis, cervicitis y vulvitis. Úlceras genitales muy dolorosas.

Varón: uretritis. Úlceras genitales muy dolorosas.

Durante el parto, se puede transmitir al hijo, provocándole ceguera, sordera e incluso la muerte.

Se utilizan tratamientos antivirales que reducen las lesiones y los síntomas, pero no eliminan el virus.

El preservativo puede reducir el contagio solo si recubre las lesiones.

Virus del papiloma humano

Verrugas genitales. Condilomas.

Se localiza en la región genital, bucal y respiratoria.

El área infectada puede permanecer totalmente normal (infección latente).

Es la ITS de mayor prevalencia a nivel mundial (Erickson, 2012).

Mujer: verrugas genitales incluso dentro de la vagina. En casos avanzados sin tratamiento, cáncer de cuello uterino, del que es el agente causal.

Varón: verrugas genitales. En casos avanzados sin tratamiento, cáncer de pene.

El tratamiento consiste en eliminar las verrugas por cauterización y en la administración de antivirales. No es posible eliminar el virus. Hay vacunas para 4 de los más de 30 tipos de VPH de transmisión sexual. A veces desaparece solo.

A pesar del uso del preservativo, existe un 38 % de posibilidades de contagio porque se transmite por contacto directo piel-piel en los genitales.

CLAMIDIA

Infección por *Chlamydia trachomatis*.

Con frecuencia, es asintomática, a pesar de haber infección, por lo que se puede transmitir muy fácilmente sin saberlo. Esta situación da lugar a una de la itss de mayor prevalencia a nivel mundial.

Mujer: enfermedad inflamatoria pélvica (infertilidad, dolor pélvico crónico), cistitis (infección urinaria), embarazo ectópico (fuera del útero, en las trompas, lo que pone en riesgo grave la vida de la mujer), uretritis y úlceras genitales.

Varón: uretritis, prostatitis, epididimitis e infertilidad. Úlceras genitales.

Tratamiento: responde a los antibióticos. Sin tratamiento, causa ulceraciones en la zona pélvica y ceguera endémica.

HEPATITIS B

El agente infeccioso es el virus de la hepatitis B. Frecuentemente no da síntomas, o son similares a los de una gripe, como malestar general, náuseas, fiebre y vómitos. En casos graves deriva a cirrosis y cáncer hepático. En enfermos crónicos, el tratamiento es con antivirales y vacunación antes de la exposición al virus.

SIDA

Son las siglas de *síndrome de inmunodeficiencia adquirida* y es una de las ITSS más graves de la historia de la humanidad. Ha causado la muerte de 30 millones de personas y en la actualidad están afectadas otros 33 millones. Aumenta a un ritmo de 2,6 millones al año, según la Conferencia Internacional sobre el sida. En este momento, ONUsida teme una nueva eclosión de la epidemia.

El VIH o virus de la inmunodeficiencia humana es el agente causante, que actúa destruyendo las células del sistema inmunitario. Como consecuencia de esto, la persona infectada desarrolla muchas enfermedades, debido a sus bajas defensas. Quizá lo más interesante, por desconocido, es el hecho de que el preservativo reduce la probabilidad de infección de VIH en un 80 % pero no elimina el riesgo. Y los antirretrovirales hasta ahora no curan la enfermedad: alargan la supervivencia de las personas infectadas, pero no proporcionan una gran calidad de vida, por la propia enfermedad y por los efectos secundarios de los medicamentos.

ANEXO III:
EDUCACIÓN DE LA SEXUALIDAD
POR EDADES

ETAPA PRENATAL

Aceptar el embarazo.
Aceptar el sexo del bebé.

ETAPA INFANTIL DE 0 A 2 AÑOS

Atender al niño en sus necesidades básicas
aumenta la confianza en sí mismo.
Sentirse atendido es sentirse querido.
Aprender las palabras vulva o pene, para identificar
su sexo.

ETAPA INFANTIL DE 2 A 6

Control de esfínteres: les da seguridad.
Firmeza y afecto en el trato.

Conocimientos de la vida intrauterina.
Conocimientos básicos del embarazo y parto.
Conocimientos básicos de anatomía.
Cuando pregunten, repreguntar, para dar la información que necesitan.
Período sensitivo del orden, la obediencia y la sinceridad.

Etapa primaria de 6 a 12

Es el momento de transmitir todos los contenidos importantes sobre sexualidad, transmisión de la vida, fertilidad, anticoncepción, pornografía, masturbación, relaciones en el noviazgo, fertilización in vitro. Adelantarnos si no nos preguntan. Dar la información necesaria de forma precisa. Repreguntar para saber qué información tienen y cuanta necesitan.

A la vez es el período sensitivo de la laboriosidad y la responsabilidad.

Antes de los 12 deberían tener toda la información, antes de que las hormonas sexuales irrumpan en el torrente circulatorio iniciando la pubertad.

Etapa adolescencia

Fomentar el diálogo con ellos, y fomentar la autoestima. Hablar de todo en casa, con elegancia y claridad. Aprovechar noticias en los medios o las redes sociales para comentar temas que nos interesen.

Período sensitivo de la solidaridad. Es muy bueno que ayuden a otros, hagan deportes de equipo, y tengan aficiones al aire libre.

Aprovechar todo lo que hacen bien para reforzarles.

Abrazarles con frecuencia.

AGRADECIMIENTOS

A JESÚS, MI MARIDO, que hace posible que viva la vida con un gran amor.

A mis hijos, Laura, Pablo, Nacho y Carlos, que han entendido lo que esto significa.

A mis padres, que me lo transmitieron.

A mis hermanas Agueda, María Dolores y Reyes, que compartieron conmigo el amor de mis padres.

A la UCAM, mi universidad, y en especial a su fundador José Luis Mendoza Pérez, y a su presidenta María Dolores García Mascarell, por el privilegio de trabajar con ellos.

A mis alumnos a lo largo de los años, de los que he aprendido tanto.

A mi editor, Santiago Herraiz, por su apoyo incondicional y su impagable ayuda para ordenar mis ideas y hacerlas comprensibles.

A la editorial Rialp, por confiar en mí una vez más y hacer posible un nuevo libro.

A los padres, profesores, educadores y amigos con los que he contrastado tantas cosas y que me ayudan a seguir escribiendo.

A los profesores del Máster de Bioética, el Máster de Matrimonio y Familia y el Experto en Educación Afectivo-Sexual de la UCAM. A mi equipo. Por su lealtad, amistad sincera y buenos consejos. Y por quedarse a mi lado durante tanto tiempo.

Al Prof. Jokin de Irala, que ha contribuido a la formación de mis hijos durante su época universitaria. Nunca podré agradecerle bastante su ayuda en esta misión.

A todos los que buscan un gran amor y aún no lo han encontrado. Ellos son la razón de este libro.

BIBLIOGRAFÍA

Libros recomendados

Burggraf, Jutta, *Libertad vivida con la fuerza de la fe*, Rialp, 2006.

De los Ríos, R. *Cuando el mundo gira enamorado. Semblanza de Viktor Frankl.* Rialp, 2004.

Glenn Doman y Janet Doman. *Cómo multiplicar la inteligencia de su bebé.* Editorial EDAF, S.L.U., 2017.

Irala, Jokin de. *Mírale a los ojos.* Amazon, 2023.

—*Te quiero, por eso no quiero.* Amazon 2020.

—Con Ignacio Gómara, *Nuestros hijos quieren querer.* Ed. Universitas, 2016.

—Con Matthew Hanley, Cristina López. *Propóntelo, Propónselo,* Ediciones Internacionales Universitarias, 2009.

Juan Pablo II, *La redención del corazón*, Palabra, 1996.

Kleponis, P. *Pornografía, Comprender y Afrontar el Problema.* Ed. Voz de Papel, 2018.

Kuby, Gabriele, *La revolución Sexual Global. La destrucción de la libertad en nombre de la libertad.* Didaskalos 2017.

LEWIS, C. S.. *Los cuatro amores,* Rialp, 2014.

LÓPEZ MORATALLA, N. *El cerebro adolescente.* Rialp, 2019.

MARTÍNEZ-GONZÁLEZ, Miguel Ángel, *Salmones, hormonas y pantallas,* Planeta, 2023.

MENÁRGUEZ, M., *Solo quiero que me quieran.* Rialp, 2021.

POLAINO, A. ¿Hay algún hombre en casa? Desclée de Brouwer, 2010.

POLAINO, Aquilino y SÁNCHEZ-LEÓN, Álvaro. *Todos somos frágiles, También los psiquiatras.* Encuentro, 2024.

RAMÍREZ, D. *Un amor sin límites. Los pilares de una sana autoestima, un buen autoconcepto y la estabilidad emocional.* 2024. ISBN- 978-84-09-64653-1

ROJAS, M. *Encuentra tu persona vitamina.* Espasa, 2021.

RUTLLANT, M. *Cuatro pinceladas sobre la educación de los hijos para lectores que leen poco.* 2013. ISBN: 978-84-941047-5-6.

SAINT-EXÚPERY, A., *El Principito.* Salamandra 2021.

SÁNCHEZ, Isabel. *Cuidarnos. En busca del equilibrio entre la autonomía y la vulnerabilidad.* Espasa, 2024,

VILLENA, A., ¿Por qué no? Cómo prevenir y ayudar en la adicción a la pornografía. Alienta, 2023.

ARTÍCULOS RECOMENDADOS

BIRCH PETERSEN K, HVIDMAN HW, FORMAN JL, PINBORG A, LARSEN EC, MACKLON KT, et al. Ovarian reserve assessment in users of oral contraception seeking fertility advice on their reproductive lifespan. *Hum Reprod.* (2015) 30:2364– 75. doi: 10.1093/humrep/dev197

BUTT MR, LEMA V, MUKAINDO A, MOHAMOUD G, SHABANI J. Prevalence of and factors associated with female sexual dysfunction among women using hormonal and non-hormonal contraception at the AGA Khan University Hospital

Nairobi. Afr J Prim Health Care Fam Med. (2019) 11:e1–
9. doi: 10.4102/phcfm.v11i1.1955

DEL RÍO J. P. et al. *Steroid hormons and their Action in Women's brains: the importance of Hormonal balance.* Front. In Public Health, 2018. 23: 6: 141.

DEL RIO, J.P. et al. *Neuroactive hormones and personal growth: associations in Chilean adolescents (ages 12-25) with ovulatory dysfunction.* Frontiers in Psycology. DOI:10.3389/fpsy. 2024. 1433437

FROKJAER VG. Pharmacological sex hormone manipulation as a risk model for depression. *J Neurosci Res.* (2020) 98:1283–92. doi: 10.1002/jnr.24632

LANDERSOE SK, FORMAN JL, BIRCH PETERSEN K, LARSEN EC, NØHR B, HVIDMAN HW, et al. Ovarian reserve markers in women using various hormonal contraceptives. *Eur J Contracept Reprod Health Care.* (2020) 25:65–71. doi: 10.1080/13625187.2019.1702158

LÓPEZ MORATALLA, N., y cols. *Sesgos en la investigación de la píldora postcoital. Hormonas femeninas en la maduración del cerebro adolescente. Cuadernos de Bioética XXII,* 2011/2.ª; p. 309-324.

MENÁRGUEZ, M., PASTOR, L.M. and ODEBLAD, E. Morphological characterization of different human cervical mucus types using light and scanning electron microscopy. Human Reproduction. Vol 18,No 9 pp 1782-1789, 2003 (Cover front).

PLETZER B, WINKLER-CREPAZ K, HILLERER K. Progesterone and contraceptive progestin actions on the brain: a systematic review of animal studies and comparison to human neuroimaging studies. *Front Neuroendocrinol.* (2023) 69:101060. doi: 10.1016/j.yfrne.2023.101060

SÁNCHEZ LEÓN, A. *Aceprensa,* agosto 2021, "El sexo no es ocio".

SEGARRA, I., MENÁRGUEZ M., ROQUÉ, M.V. Women´s health, hormonal balance and personal autonomy. Frontiers in Medicine, 2023, 10:1167504. doi:3389/fmed2023. 1167504.

SMITH L, JACKSON SE, VANCAMPFORT D, JACOB L, FIRTH J, GRABOVAC I, et al. Sexual behavior and suicide attempts among adolescents aged 12- 15 years from 38 countries: a global perspective. *Psychiatry Res.* (2020) 287:112564. doi: 10.1016/j.psychres.2019.112564

TOFFOL E, PARTONEN T, HEIKINHEIMO O, BUT A, LATVALA A, HAUKKA J. Associations between use of psychotropic medications and use of hormonal contraception among girls and women aged 15-49 years in Finland: a nationwide, register-based, matched case-control study. *BMJ Open.* (2022) 12:e053837. doi: 10.1136/bmjopen-2021-053837

VIGIL, P. et al. *Influence of sex steroid hormones on th adolescent brain and behavior. An update.* Linacre Q. 2016. Aug. 83 (3): 308-329.

Pilar VIGIL, Carolina LYON, Betsi FLORES, Hernán RIOSECO y Felipe SERRANO, "Ovulation, a sign of health", *The Linacre Quarterly* 84, n.º 4, Noviembre 2017, pp. 343-355.

VIGIL P, ORELLANA RF, CORTÉS ME, MOLINA CT, SWITZER BE, KLAUS H. Endocrine modulation of the adolescent brain: a review. *J Pediatr Adolesc Gynecol.* (2011) 24:330–7. doi: 10.1016/j.jpag.2011.01.061

ESTE LIBRO, PUBLICADO POR
EDICIONES RIALP, S. A.,
MANUEL URIBE, 13-15, 28033 MADRID,
SE TERMINÓ DE IMPRIMIR EN
ANZOS, S. L., FUENLABRADA (MADRID),
EL DÍA 28 DE ABRIL DE 2025.